सफर - ए - ज़िन्दगी

ख़्वाइशों के नाम

अनिता रोहलन (अरध्यापरी)

Copyright © Anita Rohlan (Aradhyapari)
All Rights Reserved.

क्रम-सूची

क्रम-सूची

क्रम-सूची

क्रम-सूची

क्रम-सूची

प्रस्तावना

वर्तमान की युवा पीढ़ी जो ज्यादा से ज्यादा सोसल मीडिया पर ही रहती है तो उनके लिए यह पुस्तक है जिसमें दूनियादारी,प्रकृति,प्रेम,धोखा, देश_विदेश,घर_बहार,अमीर_गरीब,ऊँच_नीच,हर तरह की प्रवृति की कविताएँ शामिल है जिनको पढ़ कर वो खुद को जागृत कर सकते हैं दूसरो की भावनाओं की एहमियत समझ सकते हैं और सबसे बड़ी बात वो भी लिखना सिख सकते हो और आगे बढने की प्ररेणा ले सकते हो ।हम देखते है की वर्तमान में जैसे पुस्तको को पढ़ना हम कही भूल ही गये है उसको वजह है यह बढता सोसल मीडिया की तरफ आकर्षण,,जहाँ एक और हम पुस्तकों से स्वयं से जुड़ते है समाज,देश,परिवार के बारे मे जानते है वही सोसल मीडिया से इन सब से दूर हो जाते है ।

समय हर पल बदल रहा है ,संसार हर क्षण परिवर्तित हो रहा है, किताबो मे हर वक्त कुछ नया लिखा जा रहा है ,शब्दो का शब्दकोश तैयार हो रहा है,लोगो के मिजाज बदल रहा है,तो फिर इन सभी बदलावो के साथ हम भी कुछ नया लिखते है कुछ नया पढते है और आने वाली नई पीढ़ी के लिए एक नया साहित्य रचते है

इस पुस्तक में कुछ कविताएँ ऐसी है जिनको पढ़कर आपको लगेगा की आप अपने आज से कही बिछड़ गये है तो आपको खुद को खोजना है कुछ बनना है तो इस पुस्तक की हर कविता कुछ ना कुछ जरूर सिखाती है ।

पावती (स्वीकृति)

सर्वप्रथम माँ शारदे को नमन जिनकी असीम कृपा से यह कार्य पूर्ण हुआ ,मेरे परिवारजनो,मित्रो,गुरूजनों के आशीर्वाद से यह पुस्तक अपने चरम लक्ष्य पर पहूँची है

मैं WOS पब्लिकेशन की संस्थापिका डा.निकिता दुगई, उप संस्थापक लकी पाण्डे,कम्युनिटी मैनेजर अकाश चौरसिया की तहेदिल से शुक्रगुजार हूँ जिन्होने मेरी प्रतिभा को देखा परखा और इस मुकाम तक लाने मे सहायता की ।मै इनकी कृतज्ञ हूँ ।

इस पुस्तक में मेरा सहयोग करने वाले प्रत्येक व्यक्ति की मै ऋणी हूँ

1. एक लड़की है

कानों की बाली सी
आँखो के काजल सी
फूलों की महक सी
चिड़िया की चहक सी
चाँद की चाँदनी सी
सूरज की रोशनी सी
डाली की पतियों सी
मोतियों की माला सी
मन्दिर की शान्ति
रानी की मूर्त सी
चेहरे की नूरँ सी
माथे की बिंदीयाँ सी
बालों के कजरे सी
हाथों के कंगन सी
पैरो की पायल सी
अनकहे अल्फाज सी
गुलजार की शायरी सी
अरजीत के सरगम सी
राज की रानी सी
अधुरी कहानी सी
अन्नू की कविता सी
एक लड़की है मतवाली सी
कुछ मासुम सी
कुछ शैतान सी

कुछ हँसमुख सी

कुछ मासुम सी

एक पल में 'सौ ' जिन्दगीयाँ क़ुर्बान है इस रूनझुन सी आराध्या पे

एक लड़की है मतवाली सी ।

2. आजकल में सबको खटकता हूँ

आजकल मै सबको खटकता बहुत हूँ
क्या मैं कोई आँखो में गिरा हुआ तिनका हूँ
फिर सोचता हूँ नहीं नहीं
लोग जलते है मुझसे
जलते है मेरी हर एक अदा
जलते है मेरे नूरँ से
जलते है हर जगह मेरे नाम की सजी महफिल से
जनाब! जलने से हासिल मुकाम नही होता है
जलो जितना जल सकते हो
मेरा कोई सफर नही रूकता तुम्हारे रोकने से
बहुत आये राहो में, और गये तुम जैसे जलने वाले
अपना तो परवाना ही अलग है
जहाँ बस गये दिलो मे उतर गये
किस्से हमारे सरे आम हो गये
जलने वाले जलते रह गये
तू चाहे लाख कोशिश कर ले
मुझे मिटाने की
मै फिर भी लौटकर आऊँगा
अपनी महफ़िल रंगीन करने
हसति मेरी तुम मिटा नही सकते
मै जो हूँ वो तुम बन नही सकते
तूफान के बाद शान्ति का माहौल

और बदलते दौर का शोर हूँ मैं
बदलते वक्त को दरकिनार कर
अपनी मंजिलो को छूता ही जाऊं मैं
जलते रहों मेरे यारों
हम तो मुसाफिर है अपनी राह चलते जायेंगे ।

3. दर्द से क्या डरना

दर्द से क्या डरना __

मिले है जो दर्द उनसे क्या डरना

कुछ दर्द हमने भी झेले है

कभी जो दर्द था आज वही ख़ुशी के पल है

इनके पीछे बहुत सी अधुरी कहानियाँ होती है

कुछ दर्द अपने पराये का फर्क समझा जाते है

तो कुछ साथ निभाने वालो का एहसास करा जाते है

आज जो दर्द है वो भी कोई कहानी बना रहे है

दर्द से दूर भागकर

उनसे बचकर क्या होगा

यह जिंदगी का अमिट हिस्सा है

चलो आज हम दर्द से हाथ मिला ले

जितने पल आयेगे दर्द के

हँस के काट लेगे

कभी रो कर तो कभी गुनगुना कर

इस पल को भी जीत लेगे ।

4. बहते पानी सी थी मैं

बहते पानी सी थी मैं
जब साथ ठहरना नही था
कयों रोका मुझे बीच सफर मे
नदियों की लहरों सी
पछियो की उड़ान सी
सुबह की धुंध सी
शाम की ठहरी धुप सी
मस्ती में मशगूल सी थी मैं
जब मेरे सगं मेरी शैतानियो का हिस्सा बनना नहीं था
कयों रोका मुझे बीच सफर मे
जब वफा नही थी हमसे
जब इश्क नही था हमसे
तो क्यो चाँदनी रातों में
साथ मे बिते लम्हो में
क्यो साथ रहने का वादा किया
मुझे अब तू तन्हा कर दे
मै नहीं हूँ तेरे लिए
तू नहीं है मेरे लिए
जब साथ ठहरना नही था
क्यो रोक मुझे बीच सफर

5. जागो जागो

जागो जागो
हे प्राणी लोक के मानव
अब तुम जागो
अज्ञान की निद्रा में लेटे
झूठे समाज की बन्धिशो में बन्धे
अब तो तुम जागो
सत्य के प्रकाश को जागो
सुना था परम पुरूष स्वामी विवेकानंद का नारा
जिससे मिलती है प्रेरणा गहरी
उसे अपने अन्तर्मन में धारण करो
सत्य के प्रयोग से नवजग का निर्माण करो
जागो जागो
हे प्राणी लोक के मानव
अब तो तुम जागो
अंधियारों को मिटाओ
उजाले के दिपक तुम जलाओ
रीति-रिवाजों में फंसे मनुष्य तुम जागो
एक नये समाज का निर्माण करो
आने वाली नई पीढ़ी का आगाज़ करो
जब हम निखरेगे
तभी तो मेरा चमन महकेगा
हम है तो कल है
अपनी क्षमताओं को पहचानो
जागो! हे परम वीर पुरूष जागो

इस मिट्टी से स्वयं को सींचो
मर मिटे इसके लिए
जो वीर उनको नमन करो ।
जागो जागो
हे प्राणी लोक के मानव
अब तो तुम जागो

6. पहली कसमकस

एक मै हूँ एक तुम हो
एक हमारा सफर हो
बरसो से जिसका इंतजार किया
वो पल करीब आ रहे है
तुम मेरे होने को दुल्हे बनकर मुझे लेने आ रहे हो
तेरे सगं साथ जन्मो का बन्धन जोड़ना है मुझे
मांग में सिन्दूर तेरे नाम का सजाना है मुझे
मै तेरी बगिया को रोशन करने को
अपना श्रृंगार करूँ
तेरे आँगन में खुशियाँ लाने को सब निसार करूँ
____कि अजीब सी कसमकस मै हूँ मैं
आखिर तुम कौन हो ?
कैसे हो ?
बैचेन सा है मेरा दिल
दुर से तुम बड़े हसीन लगते हो
जिन्दगी में सबसे खास लगते हो
आखिर पता नही तुम नजदीक से कैसे लगते हो ?
क्या मेरी ख्वाईशो को तुम पूरा कर पाओगे ?
जब मे उदास हो जाऊं तो क्या तुम मेरी मुस्कान की वजह बन
पाओगे ?

7. तुमसे चाहत है

इस बात पे नाज है मुझे

पर मै उसे कैसे भूला दूँ

जिसपे मुझे गरूर है

अपने आशियाने को सुना कर के

तेरा दामन खुशियो से भरना है मुझे

अपनी माँ का आँचल सुना कर के तेरी माँ को माँ बनाना है मुझे

अपने पिता के साये से दुर कही

किसी के घर की बहू बनना है मुझे

दादी माँ की डांट से बिछुड़ना होगा, भाई की चिक_चिक से दुर

होना होगा,

बहनो का दुलार याद बहुत आयेगा

भाभी की नोकझोंक वाली हर कहानी से दुर

अपनी गलियों को छोड़कर

तेरे आँगन में रोनक मुझे करनी होगी

तेरे आने की खुशी बेहिसाब है

तू मुझे दिलोजान से प्यारा है

लेकिन उस नीम के पेड़ वाली गली को कैसे भूला दूँ

जहाँ मेरा बचपन बीता है

हंसी _खेल का हर लम्हा बीता है

कैसे एक पल में तुम मुझे

स्वयं से दुर कर दोगे

एक अनजाना शहर का मुसाफिर कर दोगे

अपनी ही दूनियाँ से अनजान हो जाऊंगी मै

अपनी ही सखियों से बैगानी हो जाऊंगी मै

8. आखिर क्यो ?

बनती है ऐसी रीत
एक लड़की को अपने ही घर से अनजान होना पड़ता है
उस अनजान शख्स का हमसफ़र बनकर
रोशन जहाँ उसका करना पड़ता है ।

9. पुरूष

एक पुरूष कब पुरूष बनता है

कभी नही

लेकिन हम सोचते हैं कि मर्द कल्पित है वो बूरा है

लेकिन सच तो यह है कि एक पुरूष जब जन्म लेता है वो स्त्री के

आँचल मे लिपटा रहता है और जब वो युवा होता तो अपनी

प्रेमिका के आलिंगन में रहता है तो फिर एक पुरूष बड़ा कब बनता

है, कभी नहीं वो हमेशा एक शिशु ही रहता है

पुरूष तो बेवजह ही कल्पित है

सदियो से

हर घटना ,दुर्घटना का आरोप है उसपे

एक बेहतरीन पति

माँ का लाड़ला

बहन का रक्षक भाई

बेटी का संसार

इस समाज की जिम्मेदारी को उठाने वाला काबिल पुरूष ।

फिर भी चरित्रहीन का दाग,

बिगड़ैल,बेशर्म औलाद की उपाधि दे रखी है इस समाज ने,

आँसु बसते है मगर जुबां खामोश है

पुरूष एक भोला भाला शिशु भी है और अपमानित भी ।

10. गजल

कही अन्धेरो में होती है जिन्दगीया तबाह

तो कही प्रेमियों की रंगीन होती है शामे

किसी को तन्हाई में मरना पड़ रहा है तो किसी को इन्तजार है

एक शख्स कि

उसकी महफ़िल है आखो में गम का समन्दर है

कभी चौराहे पे है तो कभी दिल के हर कोने में

दुसरो के घर की महाभारत यहां सबको प्रिय है

मगर सता के शासको से सब बेखबर है

कही सुनसान गलियां है तो कही मचलती शामे है

किसी की सजी ढोली है तो कही मातम का आलम है

ये जो तुम बदले_बदले से हो शायद इश्क के आसार है

जो तुम्हारी हर गलति को माफ करे वही तो हमसफ़र है

उसकी महफ़िल है आखो में गम का समन्दर है

कभी चौराहे पे है तो कभी दिल के हर कोने में

11. सवालों का युग

जब भी मै कदम बढाती हूँ
क्यो तुम मुझे रोकने आ जाते हो
जब भी मै आवाज उठाती हूँ
तुम हर बार यह एहसास दिला जाते हो
कि मेरा अस्तित्व क्या है ?
कौन हूँ मैं ?
लाखों की भीड़ मे भी तन्हा सी हूँ मैं
हृदय मे सवालो का शोर है
जुबां से खामोश परिन्दा हूँ मैं
जिन्दगी की हकीकत से हूँ रूबरू
फिर भी ढलती शाम मे कोई सवाल कर जाता है
कि कौन हूँ मैं ?
है हजारो शिकायतें तुमसे
फिर भी तुमसे राबता है मेरा
आखिर क्यो ?
तू मुझपे सवाल उठाता है
आखिर क्यो ? तू छोटी-छोटी बातों पे बवाल मचाता है
क्यो ? तुम मेरे अस्तित्व को चुनौती देते हो
बस कर ऐ _ जंजीरों में बन्धे मनुष्य
कब तक तू यूँ ही खुद पे सवाल उठायेगा
सब की सुनकर स्वयं को गुमराह करेगा
अब बस तुम खुद से मिलो
भटकती सी पुरानी रीति को
त्याग कर एक नये युग का आगाज़ करो ।

12. जीवन ही गति है

जीवन गति है
जीवन ही वायु है
जीवन सतत् प्रवाह है
कुछ मैने पा लिया
कुछ मैने खो दिया
जीवन की गति को मैने पहचान लिया
जीवन अन्धकार है
जीवन ही उजाला है
शान्त हृदय में प्रवाहित विचारो की ज्वाला ही जीवन है
मोह_माया के बन्धन से मुक्त हूँ मैं
जाति_भांति के भेदभाव से दूर हूँ मैं
अब मै स्वयं के करीब हूँ
जीवन के अस्तित्व का एहसास है
जीवन ही लक्ष्य है
जीवन ही अनन्त अनादि है
जीवन ही पल भर मे मिटने वाला सत्य है
जीवन ही प्रकृति का शाश्वत सत्य है ।

13. वर्तमान के परिप्रेक्ष्य में

मै लिखती हूँ सुबह को शाम

अतीत में जो बित गया उसकी सिख को शामिल करती हूँ अपने

आज मे°°°

.........~ आराध्यापरी

क्या आप दुबले पतले है ?

तो सबके चहेते बने एक महिने में !

बालों के झड़ने की समस्या ?

डाबर केशक्रान्ति तेल बालो को घना व मजबुती दे !

आपका रगं साँवला है ?

फेयर लवली सात दिनो में निखार पाये

आपका प्रेमी आपको छोड़कर चला गया है ?

तो हमसे सम्पर्क करे तीन दिनो में लौटकर आयेगा

यह शब्दो का मेल नही

यह हकीकत है वर्तमान परिप्रेक्ष्य की

यह विज्ञापनो का अपमान नहीं

यह युवाओं को सन्देश है मेरा

यह कोई कहानी या कविता नहीं

यह सत्य है मेरे हर गाँव शहर का

जो मुझे एहसास दिलाता है

हमारा अस्तित्व कुछ नही

हम तो बजारों मे बिक रहे है सरे आम

आपकी चाल_ढाल, वेश_भूषा

,आचारा_विचार,देश_विदेश,जाति_पांति,अपना_पराया,अमीर

_गरीब,दोस्त _दुशमन

यह सब तुला पर तोला जा रहा है
आपको पहले आकर्षण के जंजाल फसाया जायेगा
फिर आपकी मनोवृत्ति के साथ खिलवाड़ किया जाता है
इस चकाचौंध की दूनियाँ से
अपना अस्तित्व न भूले
हम जो है श्रेष्ठ है
हर किसी मे विशेष है
मेरा उददेश्य किसी उत्पाद का मजाक उड़ाना नही है
बस अपनी युवा पीढ़ी को जागृत करना है
उठो तुम, देखो तुम
यूँ न आँखो पे शान-शौकत का चश्मा पहनो
अपनी हर गली हर मौहले को तुम सवारो
क्योकि हम युवा है वर्तमान के
तो मै लिखती हूँ वर्तमान के परिप्रेक्ष्य में ।

14. शब्दो मे व्याख्या

सुन्दरता में कच्ची

पढ़ने में अव्वल

कहानी, गजल,और हूनूर

हर बात का इजहार करती हूँ मैं

फिर भी अनजान रहते हो तुम ।

रात,राज,और राबता

ऐसे इनकार का

क्या जवाब दूँ मैं ।

कल्पनाओं में खोई सी मै

हकीकत से तुम

प्रीत,प्रमाण,पिया

प्रेम मे दिवानी आराध्या को

ख्यालो मे गुम कर रखा है तुमने

अपनी हुकुमत चलाते हो तुम

हर पहर मुझपे

ऐसी अनकही कहानी का क्या इजहार करूँ मैं ।

महकती हवा सी मैं

सावन मे छाई घटा से तुम

गर्मी में सर्दी, बसन्त में मनोरंजन

इस अधुरी प्रेम कहानी को मैं

कैसे मुकम्मल करूँ ?

एक तुम और एक मै को कैसे हम करूँ ।

इस बैचेनी और तड़प को मैं कैसे कम करूँ ।

मै सरफिरी सी

अनिता रोहलन (अरध्यापरी)

क्या कहूं और क्या करूँ
ऐसी उलझन का कैसे भला समाधान करूँ

15. समाज की बन्धिशे

जिस समाज में, मै रहती हूँ
वो समाज क्या है ?
मै हूँ तेरा ही हिस्सा
पर मेरी पहचान क्या है ?
माता-पिता ने जन्म दिया
सगे-संबंधियों ने नाम दिया
पर मेरा अस्तित्व क्या है ?
गुरू ने भवसागर पार करना सिखाया
मित्रों ने दूनियादारी
पर मेरा महत्व क्या है ?
सवाल लाखों है परन्तु जवाब एक का भी नहीं
आखिर क्यो ?
जब भी मै स्वयं की तलाश करती हूँ
तू मुझे फिर से दल-दल मे धकेल देता है
मै हर बार तुझसे लड़ती हूँ
तू हर बार मुझे दबा देता है
आखिर क्यो ?
क्या इस समाज पे मेरा कोई हक्क नहीं ?
क्या मेरा कोई अस्तित्व नहीं ?
क्यो तुम हर बार मुझे रूला देते हो
अगर मेरी उम्मीद नही बन सकते तो मेरे होसलो को तो यूँ ना
गिराओ
अगर मेरे रहनुमा नही बन सकते
तो मेरी उलझनों को मत बढ़ाओ

आखिर क्यो ?

तू हर बार मुझे एहसास दिला जाता है कि तुमसे मै हूँ मुझसे तुम
नहीं ।

क्या समाज ही सब कुछ है

हम इंसानो का स्वयं का कोई अस्तित्व नहीं ।

16. जीने का नाम

ए जिंदगी क्या है तेरी मर्जी

तू ही बतला दे- कभी बेहिसाब खुशियां देती है

तो अगले पल ही रुला देती है

क्या -क्या पैंतरे/ अंदाज/ तरीके

आते हैं तुझे मुझे परेशान करने के

जब लगता है कि सब ठीक हो गया है

तभी तुम फिर से शोर मचाती आती है

सब फिर से सुना सुना कर जाती है

तेरे और कितने सबक बाकी है मुझे सिखाने को

और कितने तजुर्बे देगी तु

कभी किसी से बेपनाह प्यार करवा देती है

तो कभी किस कभी एक पल में सब कुछ छीन लेती है

हर पल में कुछ नया सीखा कर जाती है।

17. समय

वक्त गुज़र रहा है
दिन ढल रहा है
कहाँ पहूंचे हम खबर नही
मंजिल से कोशो दूर हूँ अभी
मन अस्थिर सा उमड़ रहा है
तुम कब मिलेगो इस से अनजान हूँ मैं
तेरी ही राहों की राहगीर हूँ मैं
वक्त गुज़र रहा है
कुछ पाने का कुछ खोने का
वो मजंर आ रहा है
जब हम रूबरू होगे
तुमसे शुरू
तुमपे खत्म
मेरा यह जहाँ है
मेरे वक्त की यह पुकार है
मेरी जिंदगी का तुम ध्येय हो
वक्त गुज़र रहा है
कुछ पाने का कुछ खोने का।

18. 2019 की वो साल

किसे पता था

इस हसीनं लम्हे को किसी की नजर लग जायेंगी ।

खुशियो का आलम था

मिलने _झुलने का मदमस्त मौसम था

हर शाम दोस्तो के सगं महफिले सजती थी

जीवन के हमदम साथी

बगिया में कही इश्क का इजहार कर रहे थे।

अचानक से तबाही का माहौल आ गया

सबकी सांसे बैचेन हो ऊठी

अब क्या होगा__

उन्ही चन्द पलों में

सदियों जैसा लॉकडाउन लग गया

सोचा था देर_सवेर चला जायेगा यह आलम भी

लेकिन हर ढलती शाम

और उगते सूरज के साथ यह प्रलय मचाता गया ।

कुछ तो लापरवाही आमजन भी कर रही है

जब दुरियो का सिलसिला जारी है

फिर भी पास आने की कोशिश कर रहे हैं

जब चेहरा ढकना जरूरी है

तो फिर क्यो बिन मास्क घुम रहे हो

अपनी जिंदगी स्वयं ही लुटा रहे हो।

मेरे सफर मे एक अध्याय नया जुड़ा गया

इस कोरोना की लहर मे

मेरे देश के सैकड़ों लोगो ने अपनी जान गवाह दी ।

कभी किसी के घर की शान
तो कभी किसी की जिंदगी का सहारा
तो किसी के बूढ़ापे की लाठी को यह कोरोना छीन रहा है
चारों _ओर इसकी दहशत है फैली
ऊपर से यह मदमस्त मौला राजनेता जो हर दिन कोई नया मुद्दा
उठा लेते हैं और सामाजिक दुरी का उल्लंघन करके बवाल मचाते
है ।
बचा हुआ काम हमारी मीडिया कर देती है
खबरो में मसाला डालकर परोस रही है
अपने_अपने चैनल की TRP बढ़ाने को माहोल को और मजेदार
बना रही है ।
पहले ही फासले बहुत थे
अब इस कोरोना ने दुरिया दरमियां बेहिसाब कर दी
तन्हाई की शामो में
दोपहर की धुप में
दोस्तो से दुर ___
लॉकडाउन से मजबूर
हाल से बेहाल
लिख रही हूँ मैं आज
कि कही उनसे मुलाकात से पहले
मेरी साँसे न छूट जाये
फिर सोचती हूँ
फिलहाल मुलाकात से बेहतर यह दुरिया ही है
जिन्दगी रही तो फिर मिलेंगे ।
अब तो बस यही उम्मीद करते है
एक सवेरा ऐसा हो
जो__ स्वच्छ भारत के साथ
कोरोना मुक्त भारत हो ।
कोरोना हारेगा

तभी तो इंडिया मुसकुरायेगा ।

19. तुम हो खास

बात_बात पे सिख देने वाले
एक कविता सुनो तुम उसके नाम की भी ।
__आराध्यापरी

20. तुम हो खास

तो क्यो करती हो लाज

!!तुम हो अन्न का भण्डार

तो क्यो अभाव में जीती हो

तुम शादी भी सम्भालती हो

और गृहस्थी भी

पति की भी सुनती हो

और समाज के ताने भी

तुम खुश की नींदे गवाह कर

सबको सुकून की नींद सुलाती हो

तुम स्वयं भूखी_प्यासी रहकर

सबका पेट भरती हो ।

हर रोज रात को एक दिनचर्या तुम बनाती हो

सबको इच्छाओ को पुरी तुम करती हो

और अपनी हर ख्वाईश दफनाती हो ।

कभी किसी वस्तु की जीद नही करती वो

पर अपने बच्चे की हर ख्वाईश को पूरा करती है वो ।

!!तुम हो खास

तो क्यो हो निराश

!!तुम हो खास

तो बनो बेमिसाल

होली हो या दिवाली

या हो वेलेंटाइन डे का वार

तुम कभी नहीं सवरती

हर बार करती हो त्याग खास

जो कभी जाती नही होलीडे पे
मगर उसको एहमियत अच्छे से समझती है
जिसने देखी नही कभी सिनेमाघरों में फिल्म
पर वो श्रेष्ठ है हर उस शख्सियत से
क्योकि वो चलाती है अपने घर को
!!तुम हो खास
तो क्यो न करूँ मै तुम्हे बारम्बार नमन
!!तुम हो खास
तो करती यह आराध्या अपनी कलम से तारीफ तेरी
ओह!गृहणी तुम हो खास ।

21. अब तुम बताओ

खुद पे यकीन है

खुद से आशिकी है

एक कहानी मेरे नाम की अब लिखनी शेष है ।

तुम्हारी हजारों कोशिशों के बाद भी

महफ़िले मेरे नाम की ही सजती है

नादान है अभी वो,अनजान है अभी वो

मुझसे

फिर भी न जाने क्यो मेरी ही चर्चा करते है

मुझे आता है खामोशी से लोगो के मिजाज को पढ़ना

अब तुम बताओ,मिटा सकते हो तुम मुझे

तुम नही बदल सकते मेरी तकदीर

मै हर दिन नई शुरूआत करती हूँ

तुम्हारी जुबां से तारीफे जब से हमारी होने लगी

मुझें तुम्हारी नादानी पे तरस और भी बेहद आने लगा

अब तुम ही बताओं, मिटा सकते हो मुझे ।

मै अक्सर खुद की कहानियाँ लिखा करती हूँ

उसके नाम की गजल गाया करती हूँ

उसपे तो जन्नत की खुशियाँ ही निसार है

मै उस माँ के चरणों में नमन किया करती हूँ

अब तुम बताओ, मिटा सकते हो मुझे

मेरी खामोशी को तुमने,मेरी कमजोरी समझकर,बड़ी भूल कर दी

ऐ_दोस्त

मै हैरान परेशान हुई तुमने तो मुझे बेबस समझ लिया

इस फिजूल की दूनियाँदारी से दुर रहकर जब पहचाना खुद को

तो___

समझ आया खुद का महत्व

आज लोग मुझे लेखिका कहते है

जबकि मैं हूँ

मदमस्त मौला की जिन्दगी जीने वाली

कल्पनाओं में बहनें वाली

अब तुम ही बताओ,मिटा सकते हो मुझे

मै आँखो में नूरूँ,चेहरे पे मुसकान रखती हूँ

उसके नाम की एक किताब लिखती हूँ

जिसे पढ़ कर सबके दिल खुश हो जाये

मै एक ऐसी नई कहानी की शुरूआत करती हूँ

हाँ!हाँ मै जान गईं हूँ खुद का मोल

इसलिए आराध्या को बेमिसाल बनाने को प्रयत्न हजार करती हूँ

अब तुम ही बताओं,मिटा सकते हो मुझे ।

22. मेरा वजूद...

आओ सुनाऊ तुम्हें
मेरी कहानी
मेरी जुबानी
रचा जिसको खुद सृष्टि ने
खोला समाज के बंधन का ताला जिसने
क्या वो मैं हूँ
ना जाने क्यों
मैं खुद से अनजान हूँ..
कहने को..
मैं देवी का रूप तुम्हारे लिए
हर पहला पूजन मेरे लिए
फिर क्यों पशुओं सा व्यवहार है
क्या सिर्फ दिखावे के लिए प्यार है
वजूद मेरा तलाशने
इधर उधर फिरूँ मैं
घुट घुट कर जियूँ मैं
अंजाने से इस दर्द का
इन जख्मों का घुट पियूं मैं..
में भी जी भर कर रोना चाहूं
मैं खुल कर मुस्कुराना चाहूं
हर पल अपना जियूँ मैं
क्या है मेरी गलती
यही सवाल तुमसे पुछु मैं..
इस दुनिया से

दुनिया के इन लोगों से
लोगों के दिल से
पुछू एक सवाल क्या ?
बताओ आखिर मेरा अस्तित्व क्या ?

23. इन्सान

कुछ मुकम्मल से

कुछ अधुरे से हैं मेरे अल्फाज

उन बैचेन राहों को

इन्तजार है मेरा

मेरी मंजिल पुकार रही है मुझे

कुछ पल ठहर जाऊं

इतना वक्त कहाँ

वक्त दरिया बनकर बहता ही जा रहा है

मगर न जाने क्यो मैं इस संसार रूपी मोह_माया मे फंसा हूँ

कहने को बादशाह हूँ दिल से

मगर जेब से फकीर हूँ मैं

अपनी किस्मत से बेफिक्र

हाथों की लकीरों का मोहताज नहीं

कभी किसी को रूलाया नहीं

कभी किसी को सताया नही

जो मिला जिन्दगी में उसी मे खुश हो गया

इसिलिए इन्सान हूँ मैं ।

लिखना है आज जरूरी...

बेबस हुई सारी दुनिया

लाचारी ने घेरा है

शोहरत वालों की खुशियों पर भी

विपदाओं का पहरा है...

हाथ ना जो अब थाम पाए

अब तुम एक दूजे का

तबाह होकर मिट जाएगा
वजूद इस दुनिया से तुम सब का..
प्रलय का अब वक्त हुआ है
डटकर तुम खड़े रहो
करने धराशायी अग्नि के इस विस्फोट को
मिलकर अब तुम साथ रहो..
दूर दूर जो तुम चले गए
समझो शहर तहस नहस हुए
जहान पर आई विपदा भारी
कर ना दे नष्ट प्रकृति हमारी...
मंत्री संतरी नेता सारे
हार मान ली सब ने प्यारे
किससे मदद लें सब डर रहे हैं
बदले की आग में पड़ोसी मुल्क जल रहे हैं...
खत्म हो रही सुंदरता तेरी
माफ कर मुझे मां धरती मेरी
कुछ तो सोच विचार करो तुम
पशु नहीं इंसान बनो तुम...
क्यो कट रहे हो
आपस मे क्यों लड़ रहे हो
मिटाओ इस द्वेष को तुम
आपस मे सारे भाई हो तुम...
एक बार जो टूट गया जो
जो मेरा ये प्यारा सा देश
लग जायेगी सदियां जुड़ने में
एक रहो तुम
नेक रहो तुम
मेरा सबको यही संदेश...
विपदा आन पड़ी है भारी

इसलिए मेरा लिखना है आज जरूरी...

इसलिए मेरा लिखना है आज जरूरी...

24. नवयुग का आगाज...

सुरों में तुम अपने
प्यार का एक साज भर लो
अंदाज को तुम अपने
हिम्मत से जरा ताप लो
आज वक्त तुम्हारा है
नवयुग का तुम आगाज कर लो...
दिखावे के ये विज्ञापन
तंत्र-मंत्र के झांसे हैं
मिटा ना लेना तुम अस्तित्व अपना
ये तो बस जैसे पल दो पल की सांसें है..
रूढ़िवादिता के इस समाज में
कहने को बस आधुनिकता है
ऊपर उठाओ खुद को तुम
दुनियां की बातों को
जीवन मे ना डालो तुम...
तुम खुद अपनी पहचान बनो
तुम खुद इसके सवार बनो
तुम्हें बिकना नहीं इस दुनिया में
हर बिकने वाले के खिलाफ बनो..
कहता हूं मैं तुमसे
आओ नवयुग का आगाज करो!!
उठो नींद से जागो तुम
इस सृष्टि में मानवता का निर्माण करो
सँवारो खुद को खुद बदलो

आंखों में नित नए सपने लिए
तुम नबयुग का आगाज करो...

25. आईना

कुछ अपनी कहूँ

कुछ तुम्हारी सुनूँ

फिर भी बाते तेरी-मेरी अधुरी रह जाती है

अपना दिदार पाकर खुश हो जाना

तन्हाई में गुनगुनाना

ख्यालो मे खो जाना

तेरे सगं गुप्तगू करना

इस झूठी सी दूनियाँ की सच्ची सी कहानी छुपी है तुझमे

कुछ ख्वाब मुकम्मल हुये

कुछ टूटकर बिखर गये

लेकिन मै तो तुझमे सिमटी हुई हूँ

दिन रात तू साथ रहता है

हकीकत से रूबरू सबको करवाता है

जिन्दगी में तू सबसे खास है

मेरे बाद तू ही मुझे समझता है

इस अन्धेरी दूनियाँ को एक सवेरा तू दिखाता है

मगर फिर भी सब सरे आम बिकते है बजारो में

तू साये को छोड़कर

स्वयं की पहचान करवाता है

ऐ _ आईने

तू हमदर्द से

हमराज बनकर

साथ निभाता है ।

26. सोचा न था

उन छोटी_छोटी बातों से
हंसी _खेल के तेरे साथ मे
बिन मिलावट वाली तेरी यादों से
कभी इतनी मोहब्बत हो जायेगी
सोचा न था ।
दिल के राज बताने वाली
तुमसे लड़ाई करवाने वाली
उन लम्बी रातो में
तुमसे बेपनाहा मोहब्बत हो जायेगी
सोचा न था ।
पल दो पल की मुलाकातो में
हर दिन के किस्सो में
यूँ ही बढती जायेगी अपनी मोहब्बत
सोचा न था ।
कुछ शिकायते करवानी वाली
कुछ इजहार करवाने वाली
उन घड़ियो में
तुम्हे अपना बना बैठगे
सोचा न था ।

27. मेरी 'सौ' जिनदगीया कुर्बान है

जब तुम पास आते हो
हल्की सी मुस्कान मुस्कुराते हो
अपनी प्यारी सी आँखो में ढेर सारा इश्क भरते हो मेरे लिए
मेरा हाथ थामकर
जब तुम कहते हो
मुझे तुमसे इश्क है
मै सिर्फ तुम्हारा हूँ
उस लम्हे पे मै सजते जावा
जब तुम देखते-देखते तू ही
मेरे ख्यालो मे गुम हो जाते हो
और कहते हो__
तू ही मेरी दिल्लगी है
तू ही मेरे चाँद की चाँदनी है
तू मुझे जान से प्यारी है
तू ही मेरी ताकत
तू ही मेरा रब है
तू मेरी सब कुछ है
तेरी इस बेपनाह मोहब्बत पे
कसम से जन्नत की खुशियाँ फिजूल है
मै सिर्फ तेरा हूँ
मुझे तुमसे इश्क है
तेरे इस अल्फाज पे __

तेरी 'सौ' मेरी ' सौ ' जिन्दगीयाँ कुर्बान है

तेरी 'सौ' मेरी ' सौ ' जिन्दगीयाँ कुर्बान है

28. वो तिरछी निगाहें

तुमहारी यह तिरछी निगाहें
बेजान में भी प्राण ड़ाल देगी
रत्न शोभित तुम्हारे ये गाता
छोड़कर नजारे हसीन
देख रही है निगाहे मुझे तुम्हारा
स्पर्श पाकर तुम्हारा
मै कठोर मोम बना गया
छू गये तुम मुझे जैसे बारिश की बूंदे हो
ख्वाब था कि हकीकत
मै नहीं पाया तुझे पहचान
देखते ही देखते तुम्हे थक गए अनिमेष मेंरे
नजरे तो फेर लूँ मै
क्या हुआ अगर तुम पा नहीं सके
पहली बार मे
अगर यह नजर ना होती हमारे बींच
नहीं देख पाता मै तुम्हे
न पहचान पाता
तुम्हारी यह तिरछी निगाहें
किसी ओर ने नहीं
मैने तुम्हे देखा पहले
एक के नहीं
दो के नहीं
ढेर सारी तस्वीरों के बाद तुम्हे खोजा है मैनें
तुम्हारी यह तिरछी निगाहें

29. निगाहें तुम्हारी

मौसम भी सरफिरा था
भीड़ _भाड़ वाला इलाका था
कोई दुर से
तो कोई पास से
नजरे झूका कर गुजर रहे थे
पूछा तो _जवाब आया
वो काले लिबाज में मोहतरमा
कहर ढाहती है
तुम भी घायल हो जाओगे
ओ!मोहतरमा
तेरी कातिलाना अदाओ पे मर मिटा है आशिक
अब तू इसे दर्द दे या दवा
यह तेरा दिवाना है
तुम्हारी यह खंजर सी आँखे
दिलो पे वार करती है
न जाने कितने ही बेगुनाओ को घायल करती है
फिर हल्की सी मुस्कान के साथ
तेरा वो तिरछी निगाहो से देखना
हाय! सौ सवाल करती है
तेरी यह कातिलाना निगाहे सचमुच बवाल करती है ।

30. अधुरा मिलन

हर रोज तुमसे मिलने की ख्वाईश करती हूँ मगर तुम कुछ वक्त
रूक कर फिर चले जाओगे बस यही सोचकर फिर थम जाती हूँ मैं
मुलाकात के बाद जब फिर से हम दोनों अपनी राह लेते हैं
तो थोड़ी बैचेन सी होने लगती हूँ मैं

हाँ! बया नही कर पाती मैं तेरे सामने कि तुम कितने खास हो
लेकिन तुमसे दुर होने के बाद यह दिले _नादान बेहद रोता है
हर पल तुम्हे महसूस करती हूँ

बेहिसाब तुम्हे प्यार करती हूँ

एक पल भी तुमसे दुर रह नही सकती

इजहार _ए _मोहब्बत कर नही सकती

क्योकि डरती हूँ कही ज्यादा न बोल दूँ कि बेपनाह मोहब्बत है
तुमसे करती हूँ

तुम्हे खोने से डरती हूँ

हर रोज मिलने की ख्वाईश तुमसे करती हूँ

यूँ तो हर लम्हा तुम्हें सताती रहती हूँ

बिन बात के ही लड़ती_झगड़ती रहती हूँ

लेकिन जब तुम मिलने आते हो

दिल का सारा दर्द तुम्हे बताने की अजीब सी बेताबी होने लगती है
तुम्हे चाहने का दिल करता है हर पल मेरे पास रखने की तमन्ना
होती है

हर लम्हे मे मेरे तुम रहते हो

ख्वाबो ख्यालो मे तुम रहते हो

आज भी मिलने की ख्वाईश हो रही है

कुछ और तुम्हे चाहने की तलब हो रही है

तेरे मिलकर जाने के बाद तेरी याद और भी ज्यादा आने लगती है
लेकिन तुम कुछ वक्त रूक कर फिर चले जाओगे बस यही
सोचकर फिर थम जाती हूँ मैं
कब वो पल आयेगा जब तुम मुझे मुकम्मल करोगे
या तुम्हारी चाहत यूँ ही कुछ पल की हैं
क्या तुम मेरे बनकर रहोगे भी या हमारी कहानी को अधुरा ही
रखोगे ।

31. आराध्या में तुम

आराध्या की बातों में तुम
गुजरती हवाओं में तुम
आराध्या की हर सांस में तुम
धड़कन में तुम
हर मौसम बाहर में तुम
सर्दियों की कड़कड़ाती ठंड में
ढलती श्यामों में तुम
आराध्य की मुस्कान में
गुजरे लम्हों की यादों में तुम
सुबह शाम हर पल में तुम
दुआओं में तुम
पतझड़ की बरसातों में तुम
खयालों में तुम
खयालों में आराध्या
आराध्या में तुम
खुशी की सौगात में तुम
इन आंखों में तुम
आराध्या की हर कहानी में तुम
आंखों में तुम हर घटा हर वादे में तुम
तुम मैं आराध्या
आराध्या म

32. क्या कहा ?

क्या ___

क्या कहा तुमने ।

किसी को चाहकर भूल जाना ही इश्क है तो फिर किसी के नाम

का सिंदूर लगाना उसे मोहब्बत से हमसफ़र कहना क्या है ?

हाँ! माना सब का इश्क मुकम्मल नही होता

कोई मजबूरीयो मे बन्ध के तो कोई जात_पात के बन्धन में बन्ध

कर अपना प्यार खो देते हैं ।

क्या ___

क्या कहा तुमने ।

सब बेवफा होते

अगर सब बेवफा होते तो आज इश्क की मिशाले न दी जाती

हाँ! माना कि कुछ सिर्फ जिस्मानी मोहब्बत तक ही सिमट कर

जाते है मगर कुछ आशिक मोहब्बत की हर हद पार कर जाते है ।

33. राज

एक अजीब सा राज है मेरी बातों में
एक अजीब सा राज है मेरे होठों पे ठहरे अल्फाजो में
राज मेरी खामोशी में
एक तमन्ना है इस दिल की
तू रानी बनाये इस नाचीज को
यह वक्त एक दरिया सा है
जो बित रहा है एक राज के साथ मेरे दिल मेरी रूह में बसा एक
शख्स है वो भी एक राज है
मेरी धड़कने, मेरी चाहते, मेरी मन्नते,मेरी दुआएं, मेरी कहानी में
बसा एक राज है ।
राहो में अक्सर यूँ ही मिलना हो जाता है उससे
मगर इस मिलने में भी छूपा एक राज है
मै फिर से यूँ ही गुम हो जाती हूँ
राज दिवानी बन के
मेरी जिंदगी का यह कैसा राज है
जिसे चाहकर मै दिवानी हो बैठी हूँ
यह मेरा दोस्त भी है और हमराज भी

34. राज

वो हसीन भी है
और बेमिसाल भी
अजीब सी मासुमियत है उसके चेहरे पे
कुछ अल्फाज उसके नाम से __
राज जैसे रानी की मूर्त
राज जैसे आराध्या का शर्माना
राज जैसे अन्नू की प्रेम _ कहानी
राज जैसे परी की दिवानगी
राज जैसे महकती हवाओं का पैगाम
राज जैसे दिल की धड़कन
राज जैसे रानी का नूरँ
राज जैसे रातों का सूकून
राज जैसे बहता दरिया
राज जैसे रानी का श्रृंगार
राज जैसे चाँद की चाँदनी
राज जैसे बेपनाह मोहब्बत
राज जैसे गजल
राज जैसे आराध्या की शायरी
राज जैसे नेहा कक्कड़ के सरगम
राज जैसे पतझड़ का मौसम
राज जैसे धुप में छाँव
राज जैसे गर्मों में खुशी की बहार
राज जैसे अधुरी कहानी का मुकम्मल होना
राज जैसे मेरा पहला प्यार हो

मेरी रूह मे समाया वो
कुछ इस कद्र है
मेरे जीने और मरने की आखिरी ख्वाईश वो है ।
याराना
जिनके होने से हम खुद को बादशाह समझते हैं बाकी दूनियाँ को
पानी कम समझते हैं वो न हो तो सारी शरारते बेनिसा सी रहती है
जिनके होने से हम हर मुश्किल को पार कर जाते है वही होते है
सच्चे यार ।

35. सच्चा यार

हजारों की भीड़ मे कोई एक ही सच्चा यार मिलता है
जैसे तू मिली मुझे गायत्री
इस झूठे से जमाने के माहौल में
तेरी एक मुस्कुराहट से महक उठता है मेरी कॉलेज का कौना कौना
तेरी बेरूखी से, दिल मेरा रूठ जाता है
तू कुछ यूँ खास है मेरी जिंदगी में
मेरी क्लास की सबसे शैतान लड़की तू है
बदमाशियो की तुझमे खान है
मस्तियो का तेरे साथ हर पल हो
पर अब वो वक्त बीत चूका है
कुछ यार दोस्त पीछे छूट गये है मगर तू आज भी मेरी जिगरी
यार है
तेरा तो अंदाज ही अलग है तू तो शैतान की भी नानी है
सबको सबक सिखाना ही तेरा पहला कर्म है
काश एक दिन फिर ऐसा आये
जब तू मेरे साथ हो
काश यह कोरोना का वक्त जल्दी ही खत्म हो जाये हमारी
मुलाकात हो जाये ।
और एक है वो शैतान ......
उड़ती है तितली की तरह
खिलखिलाती है बच्चो की तरह
ऐसी हैं मेरी यार राजप्रिया
खाली क्लास में मिले थे हम
न जाने कब जान बन गये हम

उसका वो मेरे लिए हर किसी से लड़ जाना
मेरी गैर मौजुदगी मे भी मेरा साथ निभाता
मेरे दिल को छू गई उसकी यह अदा
ऐसी हैं मेरी यार राजप्रिया

हाँ!लड़ाई _झगड़ा बेहिसाब करते है हम
मगर दोस्ती की मिसाल बनती है हमसे
एक दुसरे को चिड़ाना, हर किसी से भीड़ जाना ही हमारी शान
बस यह वक्त थम जाये "अनुराग(अनु,राजप्रिया गायत्री)"का नाम
सबकी जुबां पर बस जाये ।
!याराना जिन्दाबाद!

36. लाल गुलाब

ना मिटा हूँ न मिटूगा

हर लम्हा मै संघर्ष करूंगा

धुप हो या छाव या हो बारिश की फुआर

हर मौसम मे, मै खुशबू बिखेरूगा

मै हूँ लाल गुलाब तो चाहत का फूल तो खिलेगा ही

दो दिलो को एक जान बनाना है मेरी शान

न चाहते हुये भी मुरझा जाता हूँ मैं हर शाम

मेरे वजूद से है महका प्रेम का यह ढाई अक्षर

मै हूँ लाल गुलाब तो चाहत का फूल तो खिलेगा ही

रोज डे हो या कोई प्रपोज डे

लाल गुलाब तो देना होता ही है

मै तो हूँ ही इश्क करने वालो को मिलाने के लिए

तो अपनी खुशबू बिखेरूगा ही ।

37. तेरा 100 kg का attitude

अगर साथ रह सको तो वादा करना
वरना प्यार की झूठी कसमे मत लेना
और हाँ!!मेरे ना हो सको
तो मेरे प्यार में तुम दखल मत देना
अपना एटीट्यूड तुम मुझे मत दिखाना
पहले तुम अपने आपको सम्भालना
फिर मुझे बताना मोहब्बत क्या होती है
छोड़कर चला जाऊंगा इसकी धमकी तुम मुझे मत देना
तुम गये तो तुम्हारे किसी यार से मोहब्बत होगी
अपना एटीट्यूड तुम मुझे मत दिखाना
और हाँ!!मेरी मोहब्बत पे तुम सवाल मत उठाना
जब तुम औरो के पीछे मजनूँ बने फिरते थे
तब भी हम तुमसे मोहब्बत करते थे
अपना एटीट्यूड तुम मुझे मत दिखाना
बेशक मोहब्बत तुमसे बेहिसाब थी
मगर मेरे अस्तित्व पे सवाल उठाने का हक्क तुम्हे नहीं था ।
अपना एटीट्यूड तुम मुझे मत दिखाना
इस बार आओ
हमारी महफ़िल में
तो थोड़ा सम्भलकर आना
वो पहले वाली दिलकश आराध्या नहीं हूँ अब मैं
अब मैं थोड़ी बदल चूकी हूँ
थोड़ी सम्भल चूकी हूँ
बेशक तुम आना अपने बदले हुये अंदाज में

पर__अपना एटीट्यूड तुम मुझे मत दिखाना ।

38. प्रेम

प्रेम एक स्थायी एहसास है

जिस से हो गया वही से मुकम्मल होता है उसका जहाँ

प्रेम न तो जज़्बातो में बहकता न ही भटकाव की ओर ले जाता है

यह उस अनन्त छोर तक रहता है जिसका कोई दूसरा छोर नहीं

प्रेम मे मिलन पर जो खुशी होती है

जुदाई मे दर्द भी उतना ही होता है

परन्तु प्रेम कुछ क्षणों के लिए नहीं होता

प्रेम अनन्त ,अनादिकाल तक रहता है

प्रेम मे जिसे चाहों उसी की छवि हृदय में बस जाती है

प्रेम नि:स्वार्थ भाव है

प्रेम त्याग है

सम्पूर्ण अस्तित्व को पाना ही प्रेम है

प्रेम वो अलौकिक शक्ति है जो मनुष्य जीवन को हर तरह के

स्वार्थ से मुक्त करता है

प्रेम सृष्टि की एक सुन्दर कृति है

जिससे ईश्वर ने स्वयं महसूस किया है ।

39. तेरा शहर

अपने शहर से तेरे शहर की राहे देखना
फिर मुस्कुराना
कि तुम कितने करीब हो मेरे
अक्सर तेरे शहर से आना-जाना होता है मेरा
तेरे पास आने को बेताब सी हो जाती हूँ मैं
लेकिन कुछ वक्त बाद वही दुरी होगी
इसलिए तेरे शहर से फिर से दुरिया मुकम्मल कर लेती हूँ मैं
तुमसे बेपनाह मोहब्बत निभाना चाहतीं हूँ
पर तेरा हाथ थामने से डर लगता है
कही बीच राहों में साथ छूट गया तो
मेरा क्या होगा___
हर पल,हर पहर,
तुमसे मिलने की आस संजोती हूँ मैं
तुम्हे बेहिसाब प्यार जताना चाहती हूँ मैं
अपने दिल के सारे राज बताना चाहती हूँ तुम्हे
लेकिन कुछ पल बाद तेरी वही कमी होगी इन साँसो में
इसी बात को सोचकर
फिर थम जाती हूँ
तेरे शहर के नाम से भी इश्क है मुझें
हर शाम तेरे पास होने की चाहत होती है
लेकिन फिर से तुम चले जाओगे
कुछ पल का साथ निभाकर
यही सोचकर
अपने एहसास दिल में कही छुपा लेती हूँ ।

40. दिल की तमन्नाओ सा इश्क

तेरे नजदीक होने का एहसास प्यारा होता है
तेरे होने की खुशी बेहिसाब होती है
तेरी नफ़रत से नहीं
तेरी मोहब्बत से डर लगता है
तेरे-मेरे मिलने की कहानी अलग है
तेरे-मेरे मिलने का अंदाज अलग है
दिल की तमन्नाओ सा इश्क है मुझे
तू सफर भी है और हमसफ़र भी
तू कशति भी है और दरिया भी
दिल की तमन्नाओ सा इश्क है मुझें
तेरे एहसासों का सिलसिला मिटाये नही मिटता
तुम हो की हर रोज आते हो मेरे ख्यालो में
मेरे साये से साथ चलते हो
दिल की तमन्नाओ सा इश्क है मुझे
मेरी चाहत की दिवानगी तू है
मेरी हर ख्वाईश से पहले तू है
तेरे लिए सजदे करूँ
दिल की गहराइयों सा प्रेम है मुझे
दिल की तमन्नाओ सा इश्क है मुझें

41. सात फेरो वाली रस्म

सदियों से तेरी दिवानी हूँ

तुम आओ मेरे पास

हो जाओ मेरे खास

बस उस पल का इन्तजार है

मेरी अधुरी सी मोहब्बत को मुकम्मल कर दो

सात फेरो वाली रस्म पुरी कर दो ।

जिंदगी के सारे अरमान पूरे कर दो

एक नई कहानी का आगाज़ कर दो

तेरा-मेरा साथ हो

यह जिंदगी तेरे नाम हो

एक ऐसी शाम मेरे नाम कर दो ।

तू आये जिस दिन मेरी दहलीज पे

कुछ इस तरह खुद को सजाऊँ मे

मेरे माथे पे बिन्दीयाँ

हाथों में मेहंदी

आँखो में काजल

बालों मे कजरा

तेरे नाम का हो ___

हर तरह से मेरा श्रृंगार तेरे नाम का हो

पैरों में पायल

चेहरे का नूरँ

मांग का सिंदूर

मेरे जोड़े का लाल रगं तेरे_मेरे इश्क का गवाह हो ।

मेरे अस्तित्व की पहचान तुम बनो

मेरे इस जन्म से
आने वाले हर जन्म मे तुम हमसफ़र हो
मेरी हर जिंदगी तुम्हारे नाम हो ।

42. उसके समीप

तुमको नीज पाके मै स्वयं से मिलती हूँ
तुमको दुरुस्थ कर के यह हृदय विराना सा लगता है
हर कामना से पहले तू खास है
इस आराध्या के लिए
तू जो न मिला होता
भटकती प्रेम गलियों में यह राज दिवानी
तेरे लिए मेरी चाहत, चाहतो से भी बढ़कर है
तेरे आने से खिली है जिन्दगी
प्रेम _पुष्पो की भांति महकी है जिन्दगी
तेरा इश्क मेरे चेहरे पे नूरँ सा बरसा है
जैसे गुलाब की पखूड़ियाँ टूट कर बिखरी हो
बसन्त ऋतु के मौसम की तरह
महका है यह तन_मन
रोम_रोम खिला है मेरे मन का
तुझमे लुप्त हो के
मैने स्वयं के सम्पूर्ण अस्तित्व को पाया है
तेरे ही करीब आके मैने खुद को जाना है ।

43. इश्क _ए _हाल

अक्सर तुम्हारे ख्यालो में खो जाती हूँ मैं
जब भी तुम्हारी याद आती है
कुछ अल्फाज पाक पन्नो पर लिख देती हूँ मैं
फिर आगाज़ होता ___
तेरे साथ एक नई कहानी का
जो न मुकम्मल होती है ना अधुरी रहती है
एक बार फिर तुझे पाना चाहती हूँ
अपने लिखे नग्मे तुझे सुनना चाहती हूँ
हर बार तुम नजरे चुरा कर अपने जज़्बात छुपा लेते हो
मगर इस बार तेरी मुख जबानी से इश्क _ए _हाल
सुनना चाहती हूँ ।

44. एक अनचाहा सा डर

यूँ तो हर लम्हा
मेरे साथ हर कोई रहता है
लेकिन जब मै अकेली रोती हूँ
तो मेरे आँसु पोछने को कोई नहीं होता
सुनसान सी उन काली रातों में
हर पहर तेरा एहसास होता है
यहां _वहां हर जगह तू आस_पास होता है
वो ठण्डी शान्त हवा
तेरा स्पर्श लेकर आती है
वो बारिश की बूंदें
तेरी मौजूदगी का एहसास कराती है
फूलो की हर वो कली
गुनगुनाते बागों में वो भँवरे
मेरे जज़्बातो को सुनकर अनसुना कर जाते है
एक अनचाहा सा डर
मन मे घर कर जाता है
बेइन्तहा मोहब्बत होकर भी तुमसे दुरिया मुकम्मल कर लेती हूँ
तेरी होने को हर मुश्किल पार कर जाती हूँ
पर तेरा वो देखता रहना
फिर धीरे से मुस्कुराना
मुझे फिर से रोक देता है
इजहार करने से
मोहब्बत तो हैं तुमसे
पर एक अनचाहा सा डर

मन मे घर कर जाता है
मेरी मोहब्बत हर पहर मुझसे
सवाल करती है
क्या तुम निभा पाओगे साथ ?
मेरी हर ख्वाईश
मेरा हर सफर
अधुरा है तेरे बिन
पर एक अनचाहा सा डर
मन मे घर कर जाता ह

45. पहली मुलाकात..

खोई थी ख्यालो में
अचानक उनसे मुलाकात हो गई
होठों पर मेरा जब नाम उनके आया
बूंदों सी मुस्कान मेरे चेहरे पर आ गई..
यूं हुआ तू मुझसे रूबरू जैसे
पूरी कोई ख्वाहिश हो गई
दिया एक प्यार का पैगाम सा
दिल के कोने में मानो जान सी आ गई!
हैरान सा हूँ मैं कि
तू यूं मिल जाएगा सोचा ना था
एक उम्र गुजार दी तुझसे मिलने को
आज तेरी मेरी रूह मानो मिलन था..
जिंदगी में एक कयामत सी आ गई
आज उनसे
मेरी मुलाकात हो गई...

46. आज भी मोहब्बत है उसे

सुबह की पहली झलक के साथ
दीदार होता था
सर्दी के कोहरे में भी
वो मिलने आता था
संग एक चाय की केतली लाता था
उन ठंड़ी शामों में
मेरे हाथ वो गर्म करता था
हवाओ के संग मेरे बिखरे बालों से खेलता था
ए हसीन लम्हे एक बार फिर लौट आ तूं
जब भी छत पर जाती हूँ
अपने साथ का वो आलम याद आता है
जब भी उन सीढ़ियों से उतरती हूँ
मेरे पांव थम जाते हैं
तेरे मेरी कहानी का
शुरुआती दौर यही कहानियां रही
तेरे मेरे साथ का सफर अधूरा था
तुम मेरे साथ ना होकर भी मेरे हो
क्योंकि आज भी मोहब्बत है उसे

47. मेरे हो गए

लम्हों की मुलाकात में
कुछ पल के जज्बातों में
मन्नत के धागों में
कुछ पल की बातों में
तुम मेरे हो गए
फिजाओं के एहसास में
अनकहे से इंतजार में
बारिश की बूंदों में
ढलती श्यामो में
तुम मेरे हो गए
मस्ती के माहौल में
अधूरे से सफर में
बदलते वक्त में
अपने अंदाज में
तुम मेरे हो गए।

48. बचपन से जवानी का दौर

कुछ खुशमिज़ाज सा

कुछ शैतान सा

बेपरवाही की ज़िन्दगी मे गुम सा एक राज हूँ मैं

वक्त बदल गया मै बिगड़ गया

जवानी आ गई

उन्माद के नशों मे, मै बह गया

झूठे इश्क के किस्सो में

लापरवाही के दौर मे

खुद को बदनाम कर लिया

एक गुंडे मवाली की पहचान नाम कर ली

एक पल में सारे रिश्ते छुट गये

मेरी गलतियों के ताने-बाने में सब लुट गया

सब यार दोस्त भूल गये

अब जो ज़िन्दगी ने सिख दी है

जब मजंर बदला

एक राज सुधरा

सब बोले यह तो एक सरीफ शख्स ही था

जवानी के दौर मे

झूठे इश्क के माहोल में

नाम को गुमनाम कर दिया

अब जो सुधरा हूँ मैं

जालिम दूनियाँ

ताने दे देकर फिर

वही अतीत के जख्मो को कुरेद रहा

हो गई खताएँ हजार

अब मुकम्मल माफी करनी है

जिस जिस ने बदनाम किया मुझे भरी महफिल में

हर उस एक शख्स से बात करनी है

एक हसरत है मेरी जिन्दगी से

जिसे मै चाहता हूँ

उसका साथ पाकर,

मुझे एक जिंदगी मुकम्मल करनी है

तुझ सगं रहकर मै लोफर

स्वयं को पहचान लूँ

अपनी बदनामी के चर्चे समेट लूँ

तेरे सगं एक नई दूनियाँ बसा लूँ

सिर्फ और सिर्फ

तेरा बनकर रहूँ

ऐ जिन्दगी अब मुनासिब होगा की तू मेरे साथ चले ।

49. माँ

माँ खुदा का नवाजा एक खुबसूरत उपहार है
माँ नहीं होती थी तो हम भी नही होते
मन्दिर, मस्जिद ,गुरूद्वारे छोड़कर
मेरी माँ के चरणों की पुजारन हूँ मैं
उस खुदा से भी हसीन मेरी माँ की छवि है
जब आँखे खुली थी पहली दफा
माँ के आँचल की बोछार हुई मुझपे
उसका छोटा सा आँचल कायनात से प्यारा लगा मुझे
उसके चेहरे की मासुमियत से खिल जाती उठा मेरा बचपन
उसने आँचल की एक एक बूंद से सीचा है मेरा जीवन
माँ की एक तकलीफ से दिल रो पड़ता है मेरा
माँ मेरी जान मेरी
खुदा से भी प्यारी मूर्त माँ मेरी
मेरा पहला प्यार मेरी माँ ।

50. मेरा वीर

हर किसी की सुनना
मगर खास मुझे कहना
और अपनी ही धुन में चलना
परेशानी में ,मुझे गले से लगाना
कभी शोर से तो कभी खामोशी से मुझे पढना
कभी थक हार जाऊं मै
फिर भी मुझे आगे बढ़ने की राह दिखाना
कभी मेरी तरफदारी न करना
मगर फ़िर भी मेरी सलामती चाहना
किसी से कुछ न कहना
मगर मेरे साथ अपना हर राज बया करना
वो और कोई नहीं
एक भाई ही होता है जो लड़कर भी साथ निभाता है
हर दर्द से बचाता है ।

51. मेरी पहली सखी

अक्सर डांट से बचाना मुझे

प्यार से सहलाना मुझे

गुस्से से आँख दिखाना मुझे

अपने आँचल में लेना मुझे

सबकी नजरों से बचाना मुझे

उसका वो प्यार से काला टीका लगाना मुझे

हर वक्त दरवाजे पे राह तकना मेरी

मुझे पाकर अपार स्नेह करना

खुद से पहले मेरी फिक्र करना

हर मुश्किल मे मेरे साथ चलना

मेरी शैतानियो मे मेरे सगं चलना

थोड़ी मासुम,

थोड़ी जज़्बाती सी है वो

जन्नत से आई

मेरी जान

मेरी माँ है वो ।

52. मेरे पापा

मेरा हर ख्वाब जो पूरा करे
बिन मांगे जो दुआ पूरी करे
वो मेरे पापा है
जो दूनियाँ की सबसे प्यारी दौलत है मेरे पास ।
अक्सर वो डांट देते हैं मगर कुछ वक्त बाद अपने पास बैठाकर
अपार स्नेह भी वही जताते है
मै सोचती थी कि वो क्यो इतना सहते है लेकिन जब वो अपनी
ख्वाईशो को अधुरा छोड़कर मेरे चेहरे पे वो मुस्कान देते हैं तब
समझ आता है वो अपने बच्चो से बेहिसाब मोहब्बत करते है पर
कभी बया नही करते ।

53. कुछ अल्फाज मेरे पापा के नाम

जिसकी मुस्कुराहट से मेरा खिल उठना

जिसके साये से मै खुद को महफ़ूज करती हूँ

जिसकी पहचान से मेरा अस्तित्व है

हर लम्हे जो मेरे लिए दुआएं करते है

मेरी जिंदगी मैं मेरे पापा का होना

मुझे बेमिसाल बनाता है

जिसकी एक खुशी से

मेरा घर चलता है

उस शख्स की सलामती से

मेरी माँ की आँखो में काजल झलकता है

जो मेरे दादाजी के कांधों का सहारा है

ऐ खुदा उस एक शख्स को सलामत रखना जो खामोश रहकर भी

प्यार जताते है

न जाने कौनसी दूनियाँ सी आते हैं यह पापा भी

सबसे छूपाते है अपनी ख्वाईशो को

और फटे कुर्ते से साल गुजार देते हैं

मगर अपने बच्चो का हर सपना पूरा करते है

सचमुच यह पापा अलादिन के चिराग से भी बड़े जादूगर होते है

54. भूला नही पा रही हूँ

भूलने की कोशिश करूँ
फिर भी भूला नही पा रही हूँ
आभा तेरे चेहरे की ।
मुझसे सहा नही जा रहा है
तेरे यौवन का श्रृंगार ।
कभी साँस लेती हूँ
तेरे आस-पास रहती हूँ
झुमने को नभ मे
पल पल उड़ती हो तुम
निगाहे हटाना चाहूँ जो तुमसे
फिर भी हटा नही पा रही हूँ
तेरी वो मुस्कुराहट
गालों पर पड़ता वो निशान
तेरी वो झूकी नजर
फिर धीरे-धीरे गुनगुनाना
मुझे अच्छा लगता है
तेरा वो शर्माना
कोशिश करूँ भूलाने की
फिर भी भूला नही पा रही हूँ
आभा तेरे चेहरे की ।

55. काली बिन्दी

खूबसूरत नजारे तो बेहद देखे है

पर कोई तुमसा नहीं

न जाने क्यो हर बार तेरी और आ जाते है हम

हाँ! थोड़े साँवले रगं की हो तुम

लेकिन अदाएं तेरी क्या कहर ढाहती है

जब तुम मुस्कुराती हो

सब कुछ हसीन लगता है

जब कभी वो आँखो से बाते करती है

उनमे डूब जाने का मन करता है

और कयामत तो तब आती है जब कभी वो काले सुट में काली

बिन्दी लगा के निकलती है

उफ!उसका वो शर्माना

बालो को लहराना

बिन रूके बोलते जाना

हर बात पे निगाहें शर्म से झूकाना

हाय! क्या कमाल लगती है वो

56. हर रोज तेरे ख्याल

हर रोज बहुत सारी तेरी यादे तकिये सिरहाने रख कर सोती हूँ
दुर होकर भी तुमसे
तेरे करीब होती हूँ
अक्सर महसूस करती हूँ मैं खुद को तेरे अल्फाजो में
तेरी खामोशी मे,तेरी मुस्कान में
कभी बारिश की बूंदे बनकर गिरती हूँ मैं तुमपे
तो कभी हवा का झोंका बनकर गुजरती हूँ तेरे पास से
हो गई हूँ तेरी,मै इन यादों के बीच में
खोज रही हूँ मैं खुद को अब तेरी आँखो के बीच में
कभी तेरी साँसो में,तो कभी तेरे अंदाज में
खोज रहीं हूँ मैं अब खुद को तेरी बाहों के बीच में
दुर होकर भी तुमसे तेरे करीब होती हूँ मैं
पा लिया है मैने खुद को तेरी बाहों के बीच में
सुन रही हूँ मैं तेरी खामोशी
जो सुना रही है मुझे तेरे-मेरे इश्क की दासताँ
खो रही हूँ मैं तेरी साँसो के बीच में ।

57. तेरी याद

यूँ तो हर लम्हा तेरी याद आती है
पर न जाने क्यो कभी-कभी बेहिसाब आती है
तेरी ओर आने को हर पल बेताब सी रहती हूँ मैं
पर तुम नहीं मिलते हर राह पर
तो कुछ कदम चलकर फिर थम जाती हूँ ।

58. ओये! तुम बस हमेशा साथ रहना

ओये!

तुम बस हमेशा साथ रहना

तुम्हारे साथ से खुद को महफ़ूज महसूस करती हूँ मैं

चाहे जमाना कुछ भी कहें

लेकिन तेरे हाथ थामे से ही मै मुकम्मल हूँ

तुम्हे पाकर

मैने स्वयं को जाना है

खुद के सपनों,खुद की तारीफ की है

तेरे आने से ही मैने इश्क का मतलब जाना है

और सच कहूँ तो

तुम मेरे साथ बेहद अच्छे लगते हो

और उस लाल जोड़े मे सजी मै और उस शेरवानो में मेरे दरवाजे पे

लेकर आई बरात के साथ तुम क्या कमाल लगते हो ।

एक तुम ही तो हो जिससे मै सब कुछ बया कर देती हूँ

खुलकर हसँ सकती हूँ,गले लगाकर रो सकती हूँ ।

जैसे तुम हो मेरे लिए

वैसा आज तक कोई नहीं हुआ

तुम्ही से दोस्ती हुई

तुम्ही से पहला प्यार हुआ

तुम्ही से पहला इकरार हुआ

और मेरी मांग भी तेरे नाम के सिंदुर

से सजी है ।

ओये!
बस तुम हमेशा साथ रहना ।

59. इस बार जब मिलने आओ

आओ इस बार अगर तो खुब सारा वक्त लेते आना

मेरे दिल का अरमान बनते जाना

ख्वाबो में अगर तुम्हे रोकूँ तो रूकते जाना

हो जाये अगर तुमसे चाहत,तो एतबार करते रहना

हाँ! तुम मुझसे प्यार करते रहना

वक्त को थामकर तेरी हो जाऊं

सपनों को पूरा करते-करते जिन्दगी यूँ ही गुजर जायेंगी

मेरी आँखे कभी नम हो तो,मेरी मुस्कान बन जाना

अगर मै दुर जाना चाहूँ तो मेरा हाथ थामकर मुझे रोक लेना

तुम जो आओ इस बार मिलने

हमेशा के लिए मेरे होकर रहना

हर रोज तुमसे मिलने की ख्वाईश होती है

अपनी साँसो के अन्तिम क्षणों मे भी तुम्हे चाहूंगी

मेरी पहली और आखिरी खुशी तुम रहोगे

मेरी डायरी के किस्सो में जो कैद है

वो तुम,तुम्हारा एहसास,तुम्हारा प्यार है

तुम जो आओ इस बार हाथ थामने तो मुझे अपनी रानी बनाते
जाना

हर बार मेरे चाहत पे यकीन करते जाना

आओ इस बार अगर तुम तो अपनी चाहत को पूरा करते जाना ।

60. तू मेरा होता

काश तू मेरा होता __
अपना हर दर्द बया करती तुमसे
अपने हर एहसास मे रखती तुम्हे
काश!तू मेरा होता
तेरी बेइन्तहा मोहब्बत इतनी ही थी मेरे लिए
तेरी झूठी वफा को समझ न पाये हम
काश!तू मेरा होता
अब अगर नही भी हो तो कौनसा तूफान आ गया
जिनके पास हो तुम
उन्होने कौनसे सितारे जमीन पे ला दिये
तुम रखना अपना एटीट्यूड अपने पास
अगर तुम किसी और के दिवाने हो
तो हम कौनसे तुमसे पहले सिंगल थे ।

61. फरेब का इश्क

रूठना मनाना होता साल भर
छोड़कर जाने की बात होती पल पल
लेकिन वेलेंटाइन डे आया
सब गये भूल ।
बरसो का इश्क फरवरी में सिमट गया
एक झूठा आशिक भी सच्चा बन गया
जानू, बाबू, सोना,जिंदगी भर साथ निभाने का वादा कर लिया
मोहब्बत में शामिल है तीसरा
फिर भी फरेब का इश्क मुकम्मल कर लिया ।
अगर होती दिल से मोहब्बत
तो अपना प्यार वेलेंटाइन डे का मोहताज न होता
बेपनाह इश्क चन्द पलों में सिमटा न होता
जज़्बातो की किमत ना चुकाते यूँ
सच्ची सी मोहब्बत का इम्तिहान न लेते यूँ
फरेब के इश्क में
फरवरी के महीने में
लूट गये आशिक आवारे ।

62. एक शख्स जो सचमुच मेरा हो

एक शख्स जो सचमुच मेरा हो

पाने से ज्यादा जिसमें नि:स्वार्थ प्रेम की खूबसूरती हो ।

प्रेम तो हो पर इजहार न हो

दुर होकर भी जो मेरा हो

नाराज भी हो जाऊं उससे तो वो मुझे अपनी बेतूकी सी बातो से

हँसा दे ।

मुझे सताये,मुझसे लड़ाई_ झगड़े करे ऐसी मासुमियत हो उसमें

मेरी हर उलझन की सुलझन हो वो ,,मेरी हर खामोशी का अजीब

सा जवाब हो उसमें ।

मेरे साये सा साथ हो वो

मेरे ख्यालो मे पास हो वो

एक शख्स जो सचमुच मेरा हो ।

उस नादान से हर शाम राहों में मुलाकात हो

उसे देखकर अक्सर मेरा मुस्कुराना तो कभी उसे दुर पाकर होना

हो ।

उसका वो आँखो ही आँखो में इश्क जताना

तन्हाई की शाम में

जब भी मेरा इजहार हो तो उसे ना हो एहसास ,, पर मेरे खामोश

इजहार को वो जवाब हो ।

ऐसा उससे इश्क हो

एक शख्स __जो सचमुच मेरा हो

63. प्रकृति

प्रकृति तेरा भी जवाब नहीं
जब तुम यूँ अपनी हरियाली
बिखेरती हो जब तुम खुद को यूँ
सवारती हो घटाये छा जाती है
जब तुम यूँ लहराती हो
बिन मौसम ही खिल जाती हो
हाय! क्या अंतरगी मिजाज है तेरा
अपने साये मे सबको समेटती हो
तेरे रोम रोम में नूरँ है
तेरे हर अदा पे गरूर है
दूरस्थ कही एकान्त से
तू उसका स्पर्श ले आती है
तेरी फिजाओ के सगं उसका पैगाम आना
और मुझे खुश कर जाना
तेरे साथ कुछ अनजाना सा रिश्ता है मेरा
जैसे धरा से गगन का
उसके एहसासो में खोई हूँ मैं
वैसे ही जैसे तुझमे खोई हूँ मैं
हाय!क्या अंतरगी मिजाज है तेरा
महकी हवाओं के सगं तेरा नृत्य करना
बारिशों के सगं खिल उठना
अंबर से धरा तक तेरा ही दिरार हो ना
हाय!क्या अंतरगी मिजाज है तेरा
खुबसूरत भी है तू

और कातिल भी है तू
तेरी सादगी पे मेरा अस्तित्व निसार है
अपनी नन्ही नन्ही अंगुलियों से तेरा
स्पर्श करना
अपार स्नेह का एहसास हो जाना
तेरे सगं वक्त बिताना
खामोशी से तुझे महसूस करना
तू मेरी सखी भी है
और हमदर्द भी
हाय!क्या अंतरगी मिजाज है तेरा ।

64. ऐ_हवा

ऐ _हवा

तू मुझे छूकर गुजर

उस तक पहूँच जाये मेरे एहसास

ऐसी खुशबू लेकर गुज़र

ऐ_हवा

तू मुझसे बाते कर के गुज़र

उस तक पहुँच जाये मेरे अल्फाज

ऐसी खामोशी मेरी पढ़ के गुजर

ऐ_हवा

जब तू लौटे उनसे मिलकर

उनके आने का पैगाम ले आना

बरसो से तरसी निगाहों के लिए दिदार ले आना

उनको छूकर

उनके एहसास मेरे लिए ले आना

ऐ_हवा

तू हर बार मेरा पैगाम

उन तक पहुँचा आना

जब भी तू आती है मै झुम उठती हूँ

उनके ख्यालो मे खो सी जाती हूँ

तू आती है जब भी उसका एहसास लेकर

मै खुशी से झुम जाती हूँ

ऐ_हवा

तू मुझे छूकर गुजर

उस तक पहुँच जाये मेरे एहसास

अनिता रोहलन (अरध्यापरी)

ऐसी खुशबू लेकर गुज़र ।

65. सुबह

रात का करती हो तुम आगाज़

तुम ही तो हो वो सूर्य की किरणों से सजी शुभप्रभात

तुमसे ही मिलती है मुझे प्रेरणा

खुद के सपनो को जीने की

हर वक्त जो नये परिवर्तन को लेकर आती है वो सुबह हो तुम

मुझे मेरे लक्ष्य से जोड़ती वो कड़ी हो तुम

तुम वही हो जो देती हो उम्मीद की किरण

इस नशवर शरीर का क्या है आज है कल मिट्टी में मिल जायेगा

पर तुम हो मेरी ताकत

मेरा विश्वास

मै तो निरन्तर चलने वाला मुसाफिर मात्र हूँ

तुम ही तो हो जो मेरा हाथ थामकर चलती हो

एक नाव मात्र हूँ मै तो

मेरी कसति को साहिल तक पहूँचाती तुम ही हो

हर मुश्किल को पार कर जाऊंगी मै अगर तुम हर रात के बाद

आओगी तो

तुम हो सुनहरी धुप से सजी शुभप्रभात

नीन्द खुली देखो हो गई सुबह जिसकी हूँ मैं दिवानी ।

66. सुहानी रात

कमाल है तू भी

तेरा रंग रूप आकार

सब बेमिसाल है

तेरे हर एक जरे में नूर है

जब शाम ढल जाती है तेरा दीदार हो जाता है

पल पल तू रंग बदलती है

अपने साए में सब को रोशन करती है

जुगनू भी चमकते हैं तेरे नूर से

जब तू उसे छूकर गुजरती है

तो उसके एहसास भी धड़कते हैं

मेरे सीने में

हर सुबह का ख्याल तुमसे होता है

तुम बड़ी मदहोश होती है

पर तेरा नशा कमाल का होता है

सपनों को पूरा करने का

हौसला भी देती है

हर पहर के बाद

तेरा होना जरूरी है

रेल की पटरी ओं का शोर

हर बाइक गाड़ी का होरन

तेरे शांत माहौल में

महफिल सजा देता है

अंधेरों में उजाले ढूंढना

किसी आशियाने से एक टीम टिमाता

हुआ लैंप देखना
आशा की किरण जगह देता है
तू खाली हो कर भी
रंगीन है
जिंदगी में तो उतनी ही जरूरी है
जितनी जीने के लिए सांस

67. तन्हा शाम

इन तन्हाई की शामो में
खिड़की के पास रूके उन लम्हो में
तुम्हे याद कर के खुश हो जाती हूँ
तुम मौजूद हो
इस बात पे गरूर करती हूँ
तेरे ख्यालो में सुबह से शाम खोई सी रहती हूँ
तेरे एहसासों मे कही मै भी रहती हूँ
यह कैसा आलम है
वक्त रेत की तरह फिसल रहा है
न जाने क्यो हर पल मे, मै उसी पे क्यो मरती हूँ
वो दुर है फिर भी करीब रखती हूँ उसे
फिर खुश हो जाती हूँ
कोई मुझे भी याद कर रहा होगा
मेरे साथ के ख्वाब बुन रहा होगा
मुझसे मिलने की रब से फरियाद कर रहा होगा ।

68. दुष्कर्म

न लाज न शर्म है

न कानून का प्रकोप है

यहां कानून को पूजा जाता है

फिर भी होते हैं यहां हर रोज बलात्कार

फिर भी हर सत्ताधारी मौन है

सर्वश्रेष्ठ देश है मेरा

हर मुद्दे पर होते हैं बवाल यहां

फिर दुष्कर्म पर क्यो मौन है जग सारा

सीमा पर हमला करने वालो को

एक रात में उखाड़ फेका

चाहे कैसा भी कानून हो संसद बिल पास कर ही देती है

कोरोना जैसी महामारी के लिए वैक्सीन ले आये

फिर यह दुष्कर्म जैसी बिमारी का इलाज क्यो नही कर रहा कोई ।

हर बार करते हैं वो किसी की जिंदगी के साथ खिलवाड़

अब नही करेगे का हवाला देकर

तार_तार करता है वो हैवान उसकी अस्मिता को

बवाल यह नही है कि दुष्कर्म करने वाला अपराधी है

सवाल यह है इतनी घटिया हरकते के बाद भी

हर पार्टी,हर राजनैतिक दल मौन है

बड़े मूल्यो,आदर्शो की गाथायें गाते हो ना तुम

तुम्हारा वो लाड़ला एक मिनट मे इस संस्कृति को शर्मसार कर देता है

आखिर क्यो?

69. मर्यादा

जब खुलकर हँसना चाहा

तो तूने ताना देकर चुप करा दिया

जब रोने का दिल हुआ

तो मेरे दर्द को बेमतलब का कहकर नकार दिया तुमने

ऐसे मत बोलो,वैसे मत बोलो

कि मर्यादा सदैव तुम मुझ पर थोपते हो

गंदी टिप्पणीयाँ करो तुम हमपे

और मर्यादा का पाठ हमे पढाया जाता है

घरेलू हिंसा,बलात्कार , बाल_विवाह हर दर्द के शिकार हम हो

फिर भी मर्यादा में हम ही रहें

अरे अब तो होश सम्भालो

अनिद्रा के नशे में डुबे मानव

हर मर्यादा को नारी ही सम्भाल

यह कहाँ की मर्यादा है

किसी के साथ बदसलूकी से पेश तुम आओ

और नजरे झूका कर हम चले

नारी की अस्मिता को तार_तार तुम करो

और पहनावे पर हम ध्यान दे

किसी की बसी बसाई दूनियाँ को तुम उजाड़ो

और सरे आम बदनाम हम हो

यह किस समाज की मर्यादा है

हे धरती लोक के महान ज्ञानी मानव

अगर गलत हम है तो सही तुम भी नहीं

मर्यादा में रहना मुझे सिखा रहे हो

और मर्यादा का उल्लंघन कर तुम रहे हो ।

और मर्यादा का उल्लंघन कर तुम रहे हो ।

70. मेरी खोज

कभी खुद से फुर्सत मिले तो देखना
मेरी डायरी के पन्नों को पलट कर
न जाने कितनी बातें की है मैंने स्वयं से
कभी बेपरवाह होकर अपने सारे राज लिख दिए
कभी खुशी कभी गम का हर लम्हा पन्नों में कैद कर दिया
मेरी हर ख्वाहिश का एहसास है इसमें
मेरी हर खामोशी का राज है इसमें
मेरी बेपरवाही का सवाल है इसमें
मेरी उलझी सी दुनिया का सफर है इसमें
कुछ रिश्तो के धागे जोड़कर
कुछ नादानियां के छोर पकड़ कर
कभी किसी के ख्याल में गुम हो कर
कभी तन्हाई की शाम में
कभी पतझड़ के मौसम में
कभी इन मकती फिजाओं में
कुछ शब्दों को उलझा कर
कुछ यादों को संजोकर
इस छोटी सी जिंदगी की कहानी लिखते हूं

71. बदलते वक्त की पुकार

सदियाँ बित गई

तुम आधुनिक जीवन जीने लगे

मगर फ़िर भी है तुम्हारी सोच संकिण

लड़की की शादी 14_15 की उम्र मे हो तो अच्छा है

लड़का चाहे सारी उम्र ढोलता रहे कोई कुछ नही कहेगा

तुम लड़की हो कहकर हर ख्वाईश को दबा दिया जाता है

यू तो हर दिन एक औरत को काम की वस्तु समझा जाता है और

जब माहवारी आये तो तुम मन्दिर नही जाओगी,रसोईघर में नही

जाओगी

वाह! रे समाज

कितना अद्भुत विचार है तुम्हारा

21वी सदी में जी रहे हो

सोसल मीडिया,टी.वी,समाचार _पत्र देखते हो

फिर भी उन्ही तकीयानुशी बातो में उलझे हो

बाल_विवाह,दहेज_प्रथा,पर्दा _प्रथा

पर तुम मचाते खूब बवाल हो

लेकिन हकीकत में करते कुछ नही

अब यह वक्त बदल रहा है

कुछ तुम बदलो

कुछ समाज को बदलो

आओ मिलकर नये परिवर्तन के सगं एक नई सोच लिखे

72. चाँद सा है तू

तू वो चाँद है
जिससे मै हर रोज मिला करती हूँ
ख्यालो मे बाते किया करती हूँ
तुम्हे देखने का
तुम्हे चाहने का
एक भी मौका मे गवाना नही चाहती
तुझे अपना हमसफ़र बनाना मंजूर है मुझे
मेरी इस चाहत पे गरूर है मुझे
तुझे अपना हर राज बताऊंगी
अपनी हर कहानी,कविता का हिस्सा बनाऊगी
चाँद सा है तू
तारो की बारात मे हम दो प्रेमी
हर रोज मिलते है
तुम्हे अपना बना के रखूँगी
तू वो चाँद है
जिसका नूर सिर्फ मेरे लिए है
तुझे हमेशा चाहूंगी
हर पल हर लम्हा
चाँद सा है तू
तुम्हे हमेशा खुद मे समेट कर रखूँगी
तेरी बनकर रहूंगी

73. एहसास..

औंस की बूंदों सा तेरा साया
बूंदों के बीच से निकलती
धुंधली सी धूप में तेरी तस्वीर
मुझे तेरे होने का एहसास कराती है!
कोहरे की शाम का ढलता
वो लाल सूरज
तेरा मेरा बगियाँ में मिलने की
वो कहानी याद दिलाता है
ढलती इस शाम में
जब खिड़की से देखती हूं उस सूरज में
तन्हा सी उसकी किरण छू कर मुझे
तेरे होने का एहसास दिलाती है..
कई मुद्दतो से इश्क़ है तुमसे
ये ढलती शाम वो तेरी याद
मुझे और करीब ले आती है
मुझे तेरे होने का एहसास दिलाती है...
जिंदगी भर मुझे बस तेरी चाहत है
जब भी यादों में तेरी
धुंधली सी तस्वीर नजर आती है
मेरी आँखें थोड़ी थोड़ी नम हो जाती है
मुझे तेरे होने का एहसास दिला जाती है...
तेरे संग बांध ले मुझे
तेरे साये में समा जाना चाहती हूं
मैं तेरे संग प्रीत निभाना

बस तेरी हो जाना चाहती हूं..
तू मेरा हर एहसास बने
बस मैं यही चाहती हूँ...

74. बारिशों का आलम

खूबसूरत नजारों में तेरा एहसास हो
हर मौसम मे तेरा आना हो
मुलाकाते तो तुमसे पहले भी की थी
आज जो तुम उन सगं मिलो मुझे तो जानू
तेरे आने की खुशी में
मै झुमु नाचू गाऊँ और करूँ क्या_ क्या
कुछ ऐसा तेरा साथ हो
और उनका आना भी इस भीगी बरसात में हो
एक मै हो और एक वो
बादलों का बरसता आलम हो
पेड़ों की वो झुमती लटकती लहराती डाली हो
जिसे छूकर हम दोनो हँस पड़े
कुछ ऐसा बारिश का मौसम हो ।

75. एक नया एहसास/बारिश की बूंदें

अचानक से नींद टूट गयी

आसमान में काली घटा छा गयी

मैं सोच में डूबी थी

ये कैसा शोर है बाहर

उस शांत माहौल में

खिड़की से होकर एक आवाज आ रही थी...

टप..टप.....जो जानी पहचानी सी थी

मैं उसकी दीवानी थी

जब एक नजर देखा उसे

अपने हाथों से छुआ उसे

कुछ गीलापन सा था उसमें

शायद वो भी किसी के लिए रो रही थी

एक तन्हा अरसे के बाद

शायद उसे भी उसका वजूद मिल गया

उसे भी किसी से प्यार हो गया

खामोशी से उसकी बूंदे मुझे स्पर्श कर गयी

एक नया एहसास नाम कर गयी

आई थी वो मेरे प्रियतम का संदेश लेके

दरमियां बेहिसाब दूरियां होकर,वो शख्स मेरा है

ये एहसास करवाया तूने ए-बारिश

76. मुझे अच्छा लगता है...

उस अनंत छोर से छुप कर तुझे देखना
मुझे अच्छा लगता है
तुम नहीं हो मेरे
मुझे पता है फिर भी तुझे
अपना कहना
मुझे अच्छा लगता है!
तेरे संग ख्वाब सजाना
तेरे संग संग चलना
मुझे अच्छा लगता है!
तेरे एहसासों में मैं
मेरे एहसासों में तुम
नाज है मुझे तेरे साथ बिताए हर पल का
नाज तुम जब मुझ पर करते हो
मुझे अच्छा लगता है!
तुम मेरे रंग में रंग जाओ
आकर मेरी गोद में सो जाओ
फिर तुम्हारे बालों को संवारना
मुझे अच्छा लगता है!
तेरी यादों में खो जाऊं
तेरी यादों से महफील को रंगीन बनाऊं
तुझे मेरा हमसफर
और मुझे तेरा हमराज बनाना
बड़ा अच्छा लगता है!
दूर होकर भी

तेरे पास रहना
जिंदगी के हर लम्हे में
तुझसे मोहब्बत करना
तू पास ना हो मेरे
फिर भी तेरी यादों के साथ वक्त बिताना
तेरे संग शरारतें करना
मुझे अच्छा लगता है!!

77. हम खो जाएं..

दिल के फासले अगर कम हो जाये
तो शायद हम पास आ जाए
तो शायद हम एक दूजे में खो जाए
देखो कभी पन्ने मेरी जिंदगी के पलट कर
कितने दर्द छुपे हैं इसमें
अगर ये वक्त बदल जाये
तो शायद हम...
नहीं थे तुम मेरे
फिर हम थे तेरे
इस भी इस दिल के जहां में
तुम जगह थे घेरे
हो गयी मुद्दतें देखे तुम्हें
अब जो तुम मिल जाओ
तो शायद हम खो जाएं..
खुद से दूर कहीं
तेरी राहें तकती हूँ
अब भी तुम मिल जाओ
तो शायद
तुम मुझ में और मैं तुम में खो सकती हूँ!!

78. परिंदा

आजाद परिंदा कर उड़ना चाहता हूं
मगर तुम आ जाते हो मुझे अपनी
मंजिल उसे दूर करने
जब जरूरत होती है तुम्हारी तब तो तुम नहीं आते
मेरी ऊंचाइयों की रुकावट बनने फिर क्यों आते हो
लुटा दिया था सब मैंने
अब क्यों उम्मीद रखते हो
तेरे एक बार तोड़ने से
हर दिन टूटा हूं मैं
सुनसान गलियों में आज भी भटकता हूं मैं मुझे अपने सपनों को
जीने दे
कर दे जुदा खुद से यही इल्तजहा ह

79. दर्द में भी सुकून,सुकून में इश्क

मना करने के बाद भी

जब वो करीब आते हैं

दुर जाने के बाद भी

जब वो पास आते हैं

मेरा रोकना उन्हे नाकाम होता है

फिर दरमियां बेहिसाब गुप्तगू होती है

मेरी रूह पर राज उनका होता है

यह जिस्म फिर मेरी बन्धिशे नही स्वीकारता

उस काली रात में

उनपे नूरॉ मेरा बिखरता है

जब वो पास आते हैं

उनसे दुर होना नामुमकिन सा हो जाता है

मेरे साथ उनकी एक अजीब सी शरारत होती है

हाथों को हाथों से कसकर पकड़ते है वो

फिर लबों पे उनकी बात होती है

धीरे से लिबाज हटता है तन से

उस चाँदनी रात में

बन्द कमरे में

सब कुछ सरे आम होता है

मेरे रोम _रोम पर

उनके अंजाम के बेहिसाब निशान होते हैं

मेरे हर एक जर्रे पर उनका नाम होता है

सांसे कुछ थम सी जाती है
माहौल कुछ गर्मा सा जाता है
पर दर्द बेहद दर्दनाक होता है
मोहब्बत जताने का उनका तरीका यही है
इस राज से वाकिफ हूँ मै भी
फिर भी उस पल पे मेरा न कोई जोर होता है
दर्दनाक होता है उनका वो अंजाम
पर उनसे नजदीकीया बेहिसाब होती है
उफ! उनके उस दर्द में भी बेहद सुकून होता है

80. यह कैसा दौर है

यह कैसा दौर है
जिसमे जीने की चाहत तो है
मगर ख्वाईशो पर बन्धिशे है
आजाद होकर उड़ना तो चाहती हूँ
अनन्त गगन के छोर तक
मगर मन मेरा हजारों विचारों से जकड़ा है
निरन्तर चलने के जोश में
अपना अस्तित्व ही भूल बैठी
सबके सगं रहते रहते
मै अपना सफर खो बैठी
जीवन के अन्तिम क्षणों में
स्वयं को ही खो बैठी
हर किसी की खुशी के लिए अपनी खुशी खो बैठी
इस बेईमानी के दौर मे सच का सौदा कर बैठे ।

81. एक सफर हो

तुम एक सफर हो
जिसमें मैं हूं तुम्हारा एहसास है
जो गुजर रहा है गुजरने को
बदल रहा है बदलने को
एक अरसे से तुम थे तुम हो
आगे भी रहोगे
जिसका मुझे एहसास है
तुम जिस्म और जान से खास हो
पर अफसोस
तुम अनजान हो मेरी आशिकी से
न जाने कितने कितने आए और चले गए तुम्हारे आने के बाद
पर इस आराध्या को
इंतजार बस एक राज का रहा
शायद तुम्हारा है एहसास बाकी रहा
न जाने किस राह पर
तुम हमसफर बनोगे
जब तुझे सच में
प्रेम का एहसास होगा
मेरे अस्तित्व की पहचान
तुझसे होगी
एक सफर हो
जिसमें तुम हो तुम्हारा साथ

82. नश्वर शरीर..

अजीब सी कशमकश है

इस दुनिया मे

इंसान को लगाव बेहिसाब है

नश्वर से इस शरीर से

कुछ दर्द है

कुछ खुशियां है

चंद लम्हों में समेट लूं इस जीवन को

पर जीवन तो निरन्तर है

पर जीवन तो चलायमान है..

कभी उगते सूरज से

कभी ढलती शामों से

सपनों से उठकर एक नए सवेरे का एहसास करवाती है ये जिंदगी

मुझे हकीकत से रूबरू करवाती है ये जिंदगी...

पहचान तो मिली मुझे

मेरे अस्तित्व की

पर अफसोस मैं इसे पहचान ना पाया

अब इतना वक्त कहां

कि कुछ लम्हें ठहर जाऊं

वो पुकार रहा है

मुझे पास बुलाने को...

83. अब बस बहुत हो गया

अब बस बहुत हो गया सहना

अब मै भी बोलूंगा

हर गलत बात को गलत

क्योकि यह समाज तो मौन ही रहने वाला है ।

अब बस बहुत हो गया सहना

जब मेरा मन करेगा तब घर आऊंगी

जो जी करेगा वही कपड़े पहँनूगी

क्योकि यह समाज तो बलात्कार होने पर भी मौन ही रहेगा

,खामिया मुझ मे ही निकालेगा

अब बस बहुत हो गया सहना

आज अपने पति के जुर्म के खिलाफ लड़ूँगी मै

क्योकि यह समाज मुझे उस शराबी की मार से बचाने नही आयेगा ।

अब बस बहुत हो गया सहना

तुम यह नही कर सकती,वो नही कर सकती

मै चारदिवारी में कैद होकर नही रहूंगी

क्योकि यह समाज ही मुझे कल पूछेगा तूने किया ही क्या है

जिन्दगी में चूल्हे_चौके के सिवाय ।

अब बस बहुत हो गया सहना

84. अस्थिर मन...

एकांत में यूं बैठे बैठे

एकटक नजरों से तुझे निहारना

निहारते निहारते तुझे अपना बना लेना

सोचता हूँ

क्या मैं तेरे काबिल हुं ?

या तू ही मेरी मंजिल है..

सोचता रहा मैं..

वो सफर कैसा होगा

वो मंजर कैसा होगा

तेरे साथ का

तेरे बाद का

स्थिर सा मन मेरा

मैं खुद ही अनजान हूं

गुमराह ना कर तू मुझे

इस सफर से मेरे..

पथ से अपने में भटक गया

वासना के आगोश में तू गया

कामयाबी का सफर मेरा

जैसे गुमराह सा हो गया

व्यर्थ की इस चमक में

मैं फंसता चला गया

पल भर के आनद में

मैं ना जाने क्यों खुद को भूल गया..

अब जो वक्त मिले थोड़ा भी

शायद मैं खुद को जान लूं
सीखना है मुझे खुद के लिये
सिख कर कुछ..
मैं कामयाबी को छू लूं
मैं मंजिलों को छू लूं..

85. फूटपाथ

कभी सर्दी,कभी गर्मी

हर सितम तुम्हारा सहता हूँ

ऐ _मानव मै तेरा सहारा हूँ

बिछड़ो को अपनो से मिलवाता हूँ

इस रेत के रेगिस्तान में गुमनाम इश्क निभाता हूँ मैं

रात्रि को मेरा आलम कुछ मदहोश होता है

हर कोई सूकून पाने को मुझे छूता है

हर सुबह की कहानी मुझसे शुरू होती है

हर मुसाफिर को उसकी मंजिल से मिलाता हूँ

गन्दगी भी बेहिसाब रहती है मुझपे

और कभी सफाई का दौर भी रहता है

ऐ _मानव मै तेरा सहारा हूँ

ऐ _मानव

कभी तो मेरा भी हाल पूछ ले

हर गुजरती हवा मुझसे पूछती है

तू क्यो सहता है इस बेदर्द दूनियाँ का जुर्म ।

86. मैं हूँ मनचला किसान

हर रोज कहानियों के किस्सो में

शायरों के अल्फाजो में

मेरी दासताँ सुनी होगी

जिसका न कोई आज हैं ना कोई कल

बस अपनी रवानी चलते रहना ही है मेरी कहानी

मैं हूँ मनचला किसान

जिसका न कोई आज हैं ना कोई कल

बस अपने ही सफल में गुम है

हर रोज यूँ ही मिटता हूँ मैं

हर रोज यूँ ही झूकता हूँ मैं

कभी तो मेरे अस्तित्व का भी मोल बता दे

कभी तो मेरे भी दर्द सुन ले

मैं हूँ मनचला किसान

छोटी-छोटी कतारों में फसलो को उपजा कर

रेत के ढेरों को बहाकर

झरने से बहते पानी को समेट कर

धरा के अनन्त छोर पे

मेरी दासताँ तो सुनी होगी

मैं हूँ मनचला किसान

कुछ थककर, कुछ दौड़कर

अपनी खेती को जन्नत बनाया

एक_दुसरे का साथी बन

जो उपजा उसी में सुकून पाया

मैं हूँ मनचला किसान

कभी धुप में कभी पतझड़ के मौसम में
अलग-अलग मेहनत के रगों से अपना आशियाना बनाया
गहरी बरसातों में
झिलमिलाती धुप में
अपना सब निसार किया
क्यो मेरा साथी नही है कोई
क्यो मेरा दर्द समझ सके ना कोई
मैं हूँ मनचला किसान
ऐ _वक्त आज तू ही बेवफाई कर चला इस मनचले किसान के
साथ ।

87. मकसद/मंजिल/सफर...

खोये है जो तुम

इस नश्वर शरीर के मोह में

जीवन की हकीकत से रूबरू

तुम्हें कराने मैं आया हूँ!

अंधियारे में डूबे तुम

उम्मीद की एक रोशनी से

तुम्हें जगाने में आया हूँ,

मतलब इस जीवन का

मैं तुम्हें समझाने आया हूँ!

कर पाता मैं जो रंगीन पन्ने इस दुनिया के

कयामत से कयामत का नक्शा बना देता

तेरे दर्द साथ बांटने में खड़ा हूँ

मैं खुद खुशियां बांटने निकल पड़ा हूँ!

खबर मुझे इस बात की

नेक हौसलों के बिना मंजिल नहीं

क्यों हो रहा है तू हताश

तुझे रास्ता दिखाने ही तो मैं निकल पड़ा हूं,

बेलगाम इन रातों में

नया सवेरा देने निकल पड़ा हूँ!

दुनिया की परवाह छोड़ कर

मैं खुद को बदलने निकला हूँ

अपनों से मतभेद मिटाकर

भाईचारा बना रहे

इसी उम्मीद के साथ मैं निकला हूँ!

सुख हो या दुख
हर पल मुस्कुराता रहता हूं
बेगानी इस दुनिया से उम्मीद नहीं
फिर भी मैं इसे बदलने निकला हूँ!!

88. घुटन

हर दर्द हर जख्म का घूंट पिया करती हूं मैं
फिर भी मदमस्त मौला की जिंदगी जिया करती हूं
अपने ही वजूद की तलाश में इधर-उधर भटकती रहा करती हूं मैं
हर रोज घुट-घुट कर जिया करती हु में
मेरी खैरियत तुम ना ही पूछो तो अच्छा
आजाद परिंदा हूं मैं
आसमा को छूकर
अपने नव रूप का सर्जन किया करती हूं मैं
हर दर्द हर जख्म का घूट पिया करती हूं मैं
तोड़ दिया अंदर तक जिन जख्मों ने
अक्सर उन्हें याद कर मुस्कुराया करती हूं
मैं कभी न जग के बंधनों में बंधती हूं
वह ढूंढता है उनको जो उस की जंजीरों में बंधते हैं
मैं अपनी ही दुनिया में मशगूल रहती हूं
मैं स्वयं को पहचान लूं
इसलिए सबसे लड़ती हूं
यह अधूरी दुनिया मुझे कहां है प्यारी
मैं कल्पनाओं में खोई रहती हूं
मैं यौवन के नशों में बहती हूं
उन में छुपी नादानियां को पढ़ती हूं
जो कभी उसकी याद दिलाते हैं
कभी बेहद रुलाते हैं
मगर मैं उसे याद कर फिर से मुस्कुराती हूं
तेरी बसाई इन चारदीवारी में घुटन सी होती है

लेकिन अपने एहसासों में उसे याद कर मैं फिर से शोर मचाती हूं
मैं हर दर्द हर जख्म का घूंट पिया करती हूं

89. लक्ष्य का उद्देश्य

मेरा सपना मेरा जुनून
एक ही है वो है मेरा लक्ष्य
मै इसे पाना चाहती हूँ लेकिन क्यो ?यह सवाल बार _बार मेरे
ज़हन में आता है
अब इस जवाब है ढूँढना ।
एकान्त में हर रोज मेरा अस्तित्व सवाल कर जाता है
कि मै कौन हूँ ?
मेरा वजूद क्या है ?
मेरे चारो तरफ भ्रष्टाचार की चार दिवारी क्यो है ?
घर हो या बहार नारी इतनी बेबस क्यो है ?
शिक्षित हो या अनपढ़ सबकी सोच इतनी संकिण क्यो है ?
किसान इतने बलवान होकर भी
अर्थहीन क्यो है ?
काबिल छात्र राहों में और नाकाम छात्र सताधारी क्यो है ?
बाल_विवाह, बहुविवाह,दहेज _प्रथा,पर्दा _प्रथा प्रतिबन्ध॔
फिर भी वर्तमान परिप्रेक्ष्य में प्रचलित क्यो है ?
एक नाबालिग का किराया जाता है
फिर नाबालिग बलात्कार करे तो उसे सजा से मुक्त क्यो रखा
जाता है ?

90. झूठ के खिलाफ

सत्य को बचाने के लिए
मै अपने लक्ष्य को पाना चाहती हूँ
मात्र पैसे कमाना मेरा उद्देश्य नहीं
जन_जागृति फैलाना ही मेरा लक्ष्य है

91. लड़का होना आसान कहाँ

अगर लड़का होना आसान होता

तो हर जन्म में लड़के होने की ही चाहत करता

बचपन से ही तानो की बरसात होती है

अगर कभी अपना दर्द बया करो तो तुम मर्द नही

पत्थर दिल बनकर मजबूर रहो तो तुम

बेदर्द हो इन्सान नहीं

कहने को हम आजाद होते हैं

पर जिम्मेदारियों का थैला बचपन से ही थमा देते हो

लड़कियाँ माँ _बहन की गाली दे तो हिम्मत वाली है

और हम गाली दे तो बेशर्म

कुछ ज्यादा बता दो तो ज्ञानी है

कुछ नही कहो तो आवारा है

लकड़ी खुले कपड़े पहने तो फैशन और हम पहने तो बिगड़ी का है
फैशन

लड़की अगर मोटी हो तो गोलू_मोलू

लड़का कुछ काले रंग का क्या हो गया रेगिस्तान से आये प्राणी
कह दिया

और तो और जो माँ बचपन से हमारा पक्ष लेती है शादी होने के
बाद वो भी पत्नी का गुलाम कहती है

अगर माँ की सुनो तो माँ का लाइला

पत्नी की सुनो तो बीवी का मजनूँ

बेटी को अगर फोन दिला दो तो हम उसके सुपरहिरो पापा

जरा सा डांट दो तो बात तक नही करती

जब लड़की साथ छोड़ती है तो पापा की इज्जत बचाने के लिए
छोड़ दिया
और हम छोड़ दे तो बेवफा
इन्हे सब सहानुभूति देते हैं
और हमे गालियाँ
शोफिग,मूवी,न ले जाओ तो तुम घरेलू नही
और जरा सा घर के काम के बारे बता दो तो तुम पुरानी सोच के
हो
हर किसी से तुम बाते करती हो
और कभी अगर हम कर ले तो मर्द जात खराब होती है
अरे!कभी हमसी जिन्दगी जी के तो देखो
यह लड़का होना इतना आसान कहाँ है ।
Oh!पापा की परी लड़का होना इतना आसान भी नही

92. दुनिया वाले क्या कहेंगे

आज तुझसे प्रीत बेहद है
जिंदगी में हमसफ़र मेरा बस तू है
जब बात आई हाथ थामने की
तुम्हें डर लगा कि दुनिया क्या कहेगी
कैसे बैठी हो,
खाना कैसे खा रही हो
कैसे बाल बनाये है
ध्यान रखो इन बातों का
वरना दुनिया वाले क्या कहेंगे
बेटी तुम्हारी हुई 18 की
शादी क्यों नही की अभी
बेटा तुम्हारा बड़ा हो गया
कमाने क्यों नही गया कभी
क्यों नही जाती भजन मंडली में
तुम्हारी पत्नी कभी!
कल को लोग क्या कहेंगे
हर बात
हर काम
हर जगह
कौन है वो लोग,कहाँ से आते है
जो हरपल एक ही जाप करते हैं
लोग क्या कहेंगे
लोग क्या कहेंगे!!
इस पर ध्यान ना दो तुम

बस अपनी उड़ान उड़ो तुम

दुनिया का तो काम यही है

चंद लोगों की सोच को अपने अस्तित्व से मत जोड़ो तुम!!

खुल के जियो

इस खुले आसमान में

फिक्र छोड़ो इस बात की

लोग क्या कहेंगे दुनिया में

न लड़की हूँ न लड़का मैं हूँ इस सृष्टि की एक सुन्दर कृति

समाज की बन्धिशो में बन्धी मैं अर्धनारीश्वर का स्वरूप हूँ

छक्का,हिजड़ा,किन्नर न जाने क्या क्या नाम मिले मुझे

मै भी माँ की कोख से जन्मा हूँ फिर क्या दोष है मेरा

मै भी हूँ इस समाज का एक हिस्सा फिर क्यो बना दिया तुमने

मुझे अभिशाप

गुम सा हो गया है मेरा अस्तित्व इन्सानो की भीड़ में

मेरे अपने भी पराये हुये जान मेरे वजूद की हकीकत

बजा बजा के तालिया हैरान परेशान हो गये है हालात मेरे

इस समाज के सवालो से परेशान

आखिर कब तक छुपाये हम खुद का अस्तित्व

न चाहते हुये भी दफ़न है हजारो ख्वाईशे मेरी

उन गुमनाम गलियों में शर्मसार कर देता मुझे समाज के सवाल

क्या हो रहा है मेरे जज़्बातो के साथ

बेमतलब निकल रहा मेरे सपनो का जनाजा

मै हूँ उस समाज की कहानी जो कहने को उच्च विचारों वाला

बनता है देख मुझे मुँह फेर लेता है

मै हूँ दर्द, पीड़ा की कहानी

इस समाज की बन्धिशो से आजाद

लेकिन फिर भी हूँ मैं बदनाम

हर खुशी के मौके पे देती हूँ मैं दुआएं हजार

फिर भी मै तिरस्कार की भागी बनती हूँ

चेहरे पे बेहिसाब सुकून रखती हूँ
मगर फ़िर खुद से अनजान रहती हूँ
मेरे वजूद को तूने ताली तक सीमित कर दिया है
आखिर क्यो ?
जिन पन्नो मे मेरे अस्तित्व को धिक्कारना जाता है
उन पन्नो को मै फाड़ दूँ
जिस कलम की स्याही से खिल्ली उड़ाई जाती है मेरी उस काँच की
शीशी को मै तबाह कर दूँ
क्यो जन्म दिया तुमने
जब यह दूनियाँ मुझे फिजूल कहती है
पेड़_ पोधे जीव_जन्तु कुछ भी बना देती क्यो बनाया प्राणी मुझे
मात्र दिखावे के लिए तुम मेरे रक्षक बनते हो
पीठ पीछे तो तुम मुझे हिजड़ा ही कहते हो
जाहिर कर देते हो तुम वो सारे दर्द जो मै दबा के रखती हूँ इस
जालिम दूनियाँ से
नहीं मानते तुम मुझे अपनी दूनियाँ का हिस्सा
पर अब चाहिए मुझे अक्स मेरा सच्चा हाँ!हाँ एक किन्नर हूँ मैं
इस समाज मे बदनाम बेइज्जत हूँ मैं
लेकिन स्वार्थ के लिए अपनो को ना बेचा कभी
हाँ मेरा कोई ठिकाना नही
लेकिन सबको दुआएं देती हूँ मैं निस्वार्थ भाव से
हाँ!हाँ मैं एक किन्नर हूँ ।

93. मेरा लक्ष्य

क्यों मैं लापरवाही हूं
जिंदगी के सफर में
अपनी ही मंजिलों के छोर से
अनजान हूं मैं
वक्त देना चाहूं तुम्हें
फिर भी यह फिजूल के नखरे मेरे
तक पहुंचने नहीं देते
मेरा गुरूर हो तुम
हर लम्हा तुम्हें सोचो
अपने जहन के हर हिस्से में
तुम्हारा ही नाम छुपा है
तुमसे रोशन जहां मेरा
तुम मिलोगे इसी इंतजार में
रातों की नींद खोई है मैंने
जिंदगी की बस एक ही चाहत बाकी है
कि मैं तुम्हें आसिल कर लूं

94. नववर्ष की तैयारी

बिते एक साल को
गम और खुशी के पल को
नववर्ष की तैयारी है अब हर किसी को
नई सुबह को
ढलती शाम को
नदी को,पहाड़ को,वादियों को
नववर्ष की तैयारी है अब हर किसी को
हमसफ़र को,दोस्त को
नन्ही सी चिड़िया को,खुले गगन को,बहते झरने को
नववर्ष की तैयारी है अब हर किसी को
मन्दिर के पूजारी और फूलों की फूलवारी को
हर बिते दिन को,हर मायुस शाम को
नववर्ष की तैयारी है अब हर किसी को
हर उस शख्स को इन्तजार है इस पल का
हर दिन जिसे वो याद करता है
खत के जरीये अपने एहसास उनके नाम करता है
नए साल की शुभकामनाएं हर किसी को ।

95. अभी तो और चलना है

टूट न जाये सब्र मेरा,
मुकाम पाना अभी शेष है _
कुछ पल ठहर जाऊं इतना वक्त कहाँ!
अभी तो और चलना है !
लक्ष्य प्रतिक्षा में होगा,
राहें मुझे पुकार रही होगी_
अब खुद को जागृत कर तू यूँ न हताश हो!
अभी तो और चलना है!
अभी तो स्वयं का साम्राज्य बनाना शेष है,
आराध्या को विशेष बनाना शेष है _
यह दूनियाँ मुझे रोकना चाहे,मेरी राहों में ईमान गवाये!
अभी तो और चलना है!
मुकम्मिल विचारों से ही,मिलती है शिनाखत,
जिन्दगी तिलस्म सी है _
तुम लड़ो और अगाध करो अपने प्रयोजन के लिए ।
अभी तो और चलना है!
"मुकम्मिल _स्थायी,तिलस्म_जादू,ईमान गवाये _बेईमानी
करना,अगाध_भरपूर "
(लक्ष्य के प्रति प्रेम)

96. हम तो सीधे-साधे ही

हम तो सीधे-साधे ही थे ,

तुमसे मोहब्बत करने से पहले,

जब से इश्क की राहों में उलझे हैं ,

मेरा तो हुलिया ही बदल गया है,

उससे मिलने की बेताबी मे,

इस शहर से उस शहर,

हर पहर भाग दौड़ सी रहती है,

या तो वो दिखे या हम उन्हे मिल जाये,

इससी ख्याल में हर वक्त उलझी रहती हूँ मैं,

तुम्हे जाने बिना ही,

तुमसे इश्क करने की खता कर बैठे,

पास आने को हूँ बेताब पर तेरे अपने ही हमारे जज़्बातो को दफने

की कोशिश में लगे हुये है,

इस हकीकत से वाकिफ हूँ इसलिए हर पल तुम्हे चाहती हूँ,

दिल हैरान-परेशान है,

कुछ शमा हुआ भी है,

हम तन्हा रह गये,

आशिको की महफ़िल में,

और वो किसी और का हो चला,

मैंने भी उसे रोका नहीं,

जाने दिया,दिल को तो यही तोहफा मंजूर हुआ,

खुशी से झूम उठी मै भरी महफ़िल में,

पर जख्म चिखे मार रहे थे,

दिल टूट चूका था,एहसास मर चूके थे,

उन्हे तो महारत हासिल है दिल के साथ खेलने की,
हमे अपने ख्यालो मे गुम रखने की,
वो तो हमसे हँसी _ठिठोली कर रहे थे,
हम उसे इश्क समझ बैठे,
आज मुझे यूँ टूटा हुआ देखकर,बेहद खुश होगे ना तुम,
चलो हमने तो मोहब्बत में टूटकर जीना सिख लिया,
अब तुम्हारी बारी,
"इश्क करने से पहले हम भी सीधे _साधे थे ।"

97. उनसे मिलने के बहाने

उनसे मिलने के बहाने,मै घर से निकलती हूँ
उनसे मिलना हुआ या नही यह घरवालो को कहा पता है
प्रकृति के आस-पास,
हवाओ को छूते हुये,
उनसे मिलना जैसे ,
पतझड़ की पहली बारिश हो ।
उनसे मिलना एक बहाना है शाम के डूबते सूर्य को निहारना
उनसे मिलने की इस बेताबी को अब दूनियाँ वाले क्या जाने
चहचहाती चिड़िया,
हर आते-जाते राहगिर,
उनको देखकर जो खुशी होती है उसे यह चार दिन की मोहब्बत
करने वाले आशिक क्या जाने ।
उनसे मिलना तो बस एक बहाना घर से निकलने का
हजारों ख्यालो मे खोये रहना,
खुद से बातें करना,
फिर यूँ ही मुस्कुरा देना,
इस खुशी का राज मुझे देखने वाले क्या जाने ।
उनसे मिलना एक बहाना है घर से निकलने का
कुछ अपने साथ बिताने का ।
(स्वयं से प्रेम)

98. ऐसी कोई याद

अब ऐसी कोई याद ,याद नहीं जिसमें तुम्हारा ख्याल हो,

अब ऐसी कोई याद नहीं,

जिसमे हमने एक_दुसरे को खुब हँसाया हो,

एक साथ मिलकर जीने का वादा किया हो,

न ही ऐसी कोई चाय बनी है अब जिसे तुम फूंक मार मार कर

मुझे पिलाया करते थे,

न ही ऐसी कोई रात बनी है जब हम घंटो बाते करते थे तारों की

महफिल के नीचे,

न ही ऐसा कोई सन्देशवाहक है जो तेरे खत मुझे दे जाये,

न ही वो सुनहरी धुप है अब जब तुम मुझे उससे बचाया करते थे,

और न ही अब वो तुम हो,

जो वक्त,बेवक्त भी मिलने आ जाया करते थे,

शायद यह सब अब इस बढती उम्र के साथ मै भूलती सी जा रही

हूँ,

अब याद नहीं एक भी ऐसी जिसमे तुम हो,

99. लिखने दो मुझे

एक कविता और मुझे लिखने दो,
यूँ बीच मे आधी अधुरी व्यथा न रहने दो,
एक नई शुरूआत करने दो,
रूढीवादीता को रोकने को,
सोसल मीडिया को देखो
समाचार पत्रो को पढ़ो,
नवजागृति को समझो,
भ्रष्ट नेताओ से बचो
समाज की पीड़ा देखो,
चिला रहा है वो मदद को
थक गई है सरकारे
जैसे नई नई योजनाएं ला के
कृषि कानून,नागरिकता को देखो
मुस्लिम हिन्दू लड़ रहे
देश_विदेश में षडयंत्र रच रहे
कोई किसी को समझने को तैयार नहीं
चेतना क्षीण हो गई है हर मानव की
लिखने दो मुझे
इस समाज की व्यथा को ।

100. क्या-क्या सोचूँ

मै साहिल सी हो जाऊं,

या समन्दर सी बह जाऊं

अम्बर सोचूँ,या धरा

गम सोचूँ या खुशी

कुछ अल्फाज मै आराध्या के नाम सोचूँ,

कुछ तेरे नाम सोचूँ,या कुछ अपने सपनो के नाम

मै बेजूबान शायर बनकर बहती ही जाऊं,या मीरा सी प्रेम दिवानी

बनने को सोचूँ,

गरीबी मे जीवन की व्यथा सोचूँ,

या दौलत के नशे में पागल इन्सान सोचूँ

मै मुसाफिर भटकता सोचूँ या ठहरा किनारा

मै राज को आज सोचूँ,या श्याम को पहला प्यार सोचूँ

तुम बिन जो गुजरा वो पल सोचूँ,या तारों की महफिल में बीती वो

शाम सोचूँ ,

मै तुम्हे अपना सोचूँ या किसी की मांग का सिंदूर ,

मै गम के समन्दर में डुब जाऊं या उसके नाम अर्ज करने को

सोचूँ,

शिव के तांडव को देखूं या कृष्ण के प्रेम को सोचूँ,

माँ के आँचल को महसूस करूँ या पिता की जिम्मेदारियों को सोचूँ,

अल्फाजो की खान सोचूँ या निराकार शब्दो का भण्डार बन जाऊं,

गर्मी में तपन सोचूँ या बरसती घटा का एहसास करूँ,

भीम का संविधान सोचूँ,या अराजकता का संसार सोचूँ ।

कबीर का ज्ञान सोचूँ या रसखान की भक्ति देखूं,

तुमको मै आज लिखूँ,या बीते पल की बात सोचूँ ,

और क्या _क्या सोचूँ
गम सोचूँ या खुशी सोचूँ
सुबह को शाम सोचूँ ।

101. वो गई, एक किरण

आलस मै डुबी थी मैं,
भोर हुई आसमां में कुछ लालिमा दृश्यमान हुई
सहसा नजर गई
जहाँ से आ रही थी वो एक किरण
प्रकृति की शोभा बढाती हुई
अयुत रंगो से सृजित
रोशनी को जिसने मौना हो
जो धीरे-धीरे आसमा से धरा पे अवतरित हो रही है
ठण्डी शान्त सी मिट्टी के कणों को गर्माहट देकर नव जीवन का
संचार कर रही है ।

102. लाछड़ी

इस गाँव में गर्मी की ऋतु कुछ ज्यादा ठहरी है

और जब भी ग्रीष्मऋतु आती है

बवंडर से तुफान, नीम के उस पेड़ के पास से होकर गुजरते है

उड़ती है धुल,तपती है धुप

और इस जर्जर गाँव का जर्रा _जर्रा तपने लगता है ।

जो है वह फूलों की बावड़ी

जो दिखती है सुनहरी है पर होती है विराट

हर आदमी वहां जाता है

अपनी इच्छा पूर्ति करने को

जहाँ बजते है ढोल नगाड़े वह है माता का मन्दिर जहाँ होती है

पूजा विशेष,

आशिवन माष में भीड़ होती है अन्दर बहार

एक अजीब सी चहल पहल होती है हर तरफ

मैने देखा है इस गाँव को

पतझड़ की पहली बारिश के जैसा

कुछ चौकोर सा, कुछ भरा सा कुछ खाली सा है यह गाँव

इसके बहारी परिवेश में कुछ बिखरे _बिखरे से घर है

पशिचम की तरफ जाती वो राह

जो कुएं की तरफ जाती है

जहाँ से जन्म_ मरण के बन्धन से मुक्त हो जाते है सब

वही रात में शान्त सी तो कभी विकराल से शमशान भूमि है

इस गाँव में सर्दी धीरे-धीरे आती है

और इन दिनों छतो पर महफिल गजब की होती है

कही रातों में आग जलाये बुजुर्ग चिलम का जलसा करते है तो

कही औरते प्रियतम के सगं बातें करती है

कुछ कोलाहल के साथ तो

कुछ चिड़िया की चहचहाट के साथ

कुछ शाम मे आते गवाले की आहट के साथ

धीरे-धीरे सूर्य ढल जाता है

कभी कभी सुबह आसमां बड़ा मनभावना होता है

हल्की हल्की हवाएँ चलती है

तब इस गाँव की खुबसूरती और भी आलमे_हुस्नो _इश्क लगती है

इसे अचानक से देखो तो गुम्बद सा लगता है

अन्दर से देखो तो गहरा लगता है और दुर से पेड़ों का झूरमूट

लगता है

कही से खुला

कही से बन्द

कही से जर्जर

कही से निर्मित

कही से सृजित

और अगर थोडा सा घुमोगे तो यह बड़ा लगेगा और कही से छतों

का जुड़ा दृश्य मनोहर लगेगा ।

गाँव से बहार जाते है तो

विराट् रूप में एक स्तंभ खड़ा है

जटाधारी जो है

जल मे जो अगिन है

शिव का मन्दिर वहां निर्मित है

अगर ध्यान से देखोगे इस गाँव को तो प्रकृति की अनुठी रचना है

कया सर्दी क्या गर्मी क्या पतझड़

हर मौसम का आलम निराला है

103. तुम और मैं

दोस्ती की मिसाल हो तुम

जिगरी से जान हो तुम

सब में खास हो तुम

मेरी गलतियों पे जो प्यार से समझाये वो दोस्त हो तुम

उदासी में जो मुझे हँसाये

मेरी वो खुशी हो तुम

कुछ यार दोस्त पीछे छूट गये

कुछ नये बन गये

पर तुम पुराने दोस्तों में महान हो

हर गाली पे तुम्हारा राज है

हर शैतानी के तुम बादशाह हो

एटीट्यूड का तो एटीएम हो

बिन पासवर्ड की चाबी हो

जो भी हो मेरी जान हो तुम

बेवक्त भी जो याद आये

हर लम्हा जो साथ निभाये

इश्क से भी जो गहरा हो

ऐसा तेरा-मेरा राबता हो

यारों में जो खास हो

हर जगह जिसकी बात हो

वही तो मेरे सच्चे यार तुम हो

अब और कितनी तारीफ लिखूँ तुझपे

ऐ _दोस्त तुम हो तो हम बेमिसाल हैं

हम सरिफ भी अब बेईमान है

! याराना !

104. गजल

इश्क करने का अंदाज बड़ा कमाल का है उनका

ता_उम्र साथ निभाये वो वादा है उनका

वो है मेरे साथ,तो मै बेमिसाल बनती हूँ

मेरे साथ चलेंगे वो,ऐसा जूनून है उनका

हर कोई उस जैसा चाह नही सकता मुझे

इस जिस्मानी दूनियाँ से अनोखा इश्क है उनका

घर बदलता ,शहर बदलता,अपनो के चेहरे बदलते हैं

जो कभी न बदला वो इश्क हैं उनका

दर्द मिले,रूशवाई मिले,दूनियाँ से जिल्त मिले

मेरे हमसफर बनना ही अब ख्वाब है उनका

105. कभी मोहब्बत में ...

कभी मोहब्बत में टूटे तो तुम भी होगे

सही होकर भी गलत साबित हुये होगे

तुम थे,या नही,यह तो मालुम नही

मेरे जाने के बाद रोये तो तुम भी होगे

तुम्हे तो चाहने वाले बहुत मिले होगे

हमसी मोहब्बत तुमसे किसी ने न की होगी

जिन्दगी भर के लिए तेरा हाथ थामना चाहा था

मगर तुम मेरे होकर भी किसी और की बाहों में सिमटे होगे

मेरे नहीं थे तुम,फिर भी इजहार _ए _मोहब्बत किया तुमसे

रूठी तो मै थी,पर तुमने तो अपनी सेज सजाई किसी और के नाम
से होगी

वो मेरा राज है,इश्क का मोहताज है

पर मोहब्बत _ए _इजहार अब न किसी से होगा ।

106. मध्यमवर्गीय महिला

कुछ उलझी सी
कुछ सुलझी सी हूँ मैं
अपने ही ताने-बाने में गुम सी हूँ मैं
एक नई आशा जगाने को
मै हर रोज इस फरेब की दूनियाँ से लड़ती हूँ
कुछ अधुरी सी
कुछ मुकम्मल सी
मै अपनी ख्वाईशो को एक नया साज देती हूँ
मै इन बन्धनो को खोलकर
समाज की जंज़ीरो को खोलती हूँ
अपनी पहचान को नया साज देती हूँ
अपने चन्द ख्वाबो को मुकम्मल कर के
जिन्दगी को महकाती हूँ
मै हर रोज इन चारदीवारीयो से निकलने का प्रयत्न करती हूँ
कुछ नया करने को
अपने गमों को छूपाती हूँ
मै हर पल मुस्कुराती हूँ
सब कुछ कर गुजरने की ईच्छा से
मै सबको एक नई उम्मीद देती हूँ

107. About Author

अनिता रोहलन (आराध्यापरी)

अनिता रोहलन (आराध्यापरी)का जन्म 2002 नागौर के लाछड़ी गाँव ,राजस्थान में हुआ । इनकी माता का नाम सन्तोष देवी व पिता का नाम मोहनराम है

प्रारंभिक शिक्षा लाछड़ी मे ही हुई,बाद में इन्होंने बी.ए की पढाई श्रीमती मोहरी देवी तापड़िया कन्या महाविद्यालय जसवनतगढ से की । वर्तमान में यह M.A प्रथम वर्ष की छात्रा है

यह स्कुल व कॉलेज टॉपर रह चूकी है इन्हे खेल में भी रूचि है इन्होंने कराटे मे रेड बेल्ट व ताईकावानडो यलो बेल्ट प्राप्त किया है यह पेन्टिंग बनाने,गानो के बोल लिखने व नृत्य का भी शौक रखती है इन्हे प्रकृति से बेहद प्रेम है यह सबको सकारात्मक जीवन

जीने की प्रेरणा देती है यह जिंदगी को खुलकर जीने मे विश्वास रखती है यह UPSC से प्रभावित है इनका मानना है की जो मनुष्य कल्पना कर जाता है वो उसे मूर्त रूप भी दे सकता है बस हमेशा अपने लक्ष्य के प्रति सजग रहो ।

इन्हे लिखना बेहद पसन्द है पर यह इसे सामाजिक बदलाव का सशक्त माध्यम मानती है इनकी 100 पुस्तकों मे कविताएँ प्रकाशित हो चुकी है ।

यह इनकी प्रथम स्वरचित पुस्तक है

जिसमे इन्होंने

समाज,मानव,प्रेम,नफरत,गम

,खुशी,देश_विदेश, प्रकृति इत्यादि बिन्दुओं के माध्यम से अपनी भावनाएं वयक्त की है ।

"वक्त की रफ्तार से तेज तुम्हे बनना होगा

अगर इस संसार पर तुम्हे हुकूमत करनी है तो पहले तुम्हे शब्दो का बेताश बादशाह बनना होगा "